Russisch kochen

Irina Carl

◆

Russisch kochen

Gerichte und ihre Geschichte

◆

Edition d i á

Autorin und Verlag danken für die freundlich erteilten Ab-
druckgenehmigungen:
Seite 20: Michail Bulgakow: Dialog zweier Moskauer Schrift-
steller. Aus: Michail Bulgakow, Der Meister und Margarita.
Übersetzt von Thomas Reschke © 1968 Verlag Volk und Welt,
Berlin
Seite 43: Iwan Turgenjew: Die Kohlsuppe. Aus: Iwan Turgen-
jew, Gedichte in Prosa. Übersetzt von Christine Reinke-
Kunze © 1983 Philipp Reclam jun., Stuttgart

© 1993 Edition diá, St. Gallen/Berlin/São Paulo
Erste Auflage Mai 1993
Originalausgabe
Alle Rechte vorbehalten
Lektorat: Beate Engelbrecht, Göttingen,
und Gabriele Kosack, Berlin
Redaktionelle Mitarbeit: Magrit Liepe
und Petra Szczepanski, Berlin
Gestaltung und Satz: Rainer Zenz, Berlin
Umschlag unter Verwendung einer Fotografie
von Stephan Vanberg, Berlin
Fotografien: Irina Carl, Göttingen (Seite 60 b unten),
und Stephan Vanberg, Berlin (übrige Seiten)
Lithographie: Rainer Maulbetsch, Berlin
Druck und Bindung: Ebner Ulm
ISBN 3 86034 112 X

Bitte fordern Sie unser Gesamtverzeichnis an:
Edition diá, Urbanstraße 169, D-10961 Berlin 61
Edition diá, Schorenstrasse 15, CH-9000 St. Gallen

Inhalt

Zur Geschichte

Für viele Menschen ist Rußland gleichbedeutend mit der ehemaligen Sowjetunion. Aber das entspricht nicht der Realität. Das Territorium der ehemaligen Sowjetunion besiedeln Dutzende von Völkern, die auf eine jahrtausendlange Geschichte zurückblicken. Sie sind slawischer, germanischer, türkischer, mongolischer, persischer, skandinavischer oder kaukasischer Abstammung und sprechen über hundert eigenständige Sprachen, die den unterschiedlichsten Sprachfamilien angehören.

Der älteste Staat der späteren UdSSR war Urartu (9. bis 6. Jahrhundert vor Christus), zu dem bedeutende Gebiete zwischen Schwarzem und Kaspischem Meer gehörten. Südlich vom Aralsee entstand zwischen dem 8. und 6. Jahrhundert vor unserer Zeitrechnung das Choresmer Reich. An der Küste des Schwarzen Meeres bildete sich das Bosporanische Reich heraus, auf der Krim das Skythische Reich. Während des Mittelalters entwickelte sich auf der Großen Osteuropäischen Ebene das für die Geschichte der UdSSR wichtigste Staatsgebilde, der altrussische Staat, der bis in die zweite Hälfte des 12. Jahrhunderts hinein als frühfeudale Monarchie bestehenblieb. In diesem Staat hatten sich die ostslawischen Stämme vereinigt, die seit altersher an den Flüssen Don und Wolga sowie an den Ufern des Ladoga- und des Ilmensees siedelten.

Der erste slawische Staat nannte sich Rus, nach einem slawischen Stamm, der zwischen Dnjepr und Don ansässig war. Einen wichtigen Abschnitt in der Entwicklung des altrussischen Staates bedeutete die Annahme der christlichen Religion im Jahre 988. Bald wurde die Kiewer Rus eine der wichtigsten europäischen Mächte.

Im Jahre 1206 hatte Dschingis Khan in Zentralasien ein riesiges Feudalreich geschaffen. Er unterwarf das mächtige China, die blühenden Staaten Mittelasiens und den Kaukasus. Sein Heer überfiel auch die Rus, mußte sich aber nach erbitterten Kämpfen wieder zurückziehen. 1235 jedoch begannen die Tataren-Mongolen unter

Khan Batu einen neuen Feldzug, in dessen Folge
der größere Teil der Rus für die folgenden 240
Jahre unter drückende Fremdherrschaft geriet,
das »Tatarische Joch« genannt. Die Befreiungs-
bemühungen konzentrierten sich in Moskau, das
zur Hauptstadt des russischen Landes wurde.

Nachdem die Türken 1453 Konstantinopel be-
setzt hatten, entwickelte Moskau sich um die
Mitte des 15. Jahrhunderts zum Zentrum der or-
thodoxen Kirche und erklärte sich zum Erben
von Rom und Byzanz. Es entstand ein starker,
zentralisierter Staat, der seit 1547 von Zaren re-
giert wurde. Doch die Bedrohung aus dem Osten
bestand weiter. Dort hatten sich aus den Resten
der »Goldenen Horde« vier Khanate herausge-
bildet, die wiederholt Rußland überfielen, Städte
plünderten und Menschen entführten. So unter-
nahm der Zar Iwan IV. mehrere Feldzüge, bis er
Kasan, die Hauptstadt der Tataren, und das
Astrachaner Khanat am Unterlauf der Wolga er-
obert hatte.

Um die Mitte des 16. Jahrhunderts schlossen
die Herrscher Baschkiriens im westlichen Vor-
gebirge des Urals ein Bündnis mit Rußland. Nun
gewährleisteten sie den Schutz der Ostgrenzen
des russischen Staates. Im 17. Jahrhundert begann die Erschließung Sibiriens durch die Russen, die letztlich bis nach Alaska und Kalifornien
vordrangen, wo sie die Handelsstation Fort Ross
gründeten. 1654 erfolgte der Zusammenschluß
mit der Ukraine, so daß Rußland im 17. Jahrhundert einen der größten multinationalen
Staaten der damaligen Welt bildete. Die Kriege
gegen die Osmanen verschafften Rußland die
Krim und weitere Gebiete am Schwarzen Meer,
die Expansion in Zentralasien Territorien in Usbekistan, Kasachstan, Turkestan und Kirgisien.
Die transkaukasischen Gebiete hatte Rußland
schon früher angeschlossen.

Im 20. Jahrhundert bestand das Territorium
der Sowjetunion aus 15 Unionsrepubliken. Das
Land erstreckte sich über 22,4 Millionen Qua-
dratkilometer auf dem europäischen und asiati-

schen Kontinent, es maß von Ost nach West
10 000, von Nord nach Süd 4 500 Kilometer. Das
entspricht einem Sechstel des Festlands auf der
Erdkugel. Aus historischer Betrachtung wird die
kulturelle Vielfalt der die ehemalige Sowjetunion
besiedelnden Völker verständlich. Klimatische
Unterschiede führten zur Herausbildung man-
nigfaltiger Lebensstile, Traditionen und Gewohnheiten, die sich gegenseitig beeinflußten.

Das vorliegende Buch befaßt sich fast ausschließlich mit der authentisch russischen Kü-
chentradition, die mittlerweile im eigenen Land
bereits des Schutzes und besonderer Pflege
bedarf. Es werden aber auch einige Rezepte aufgeführt, welche die Russen von ihren Nach-
barvölkern entlehnten.

Die Küche Rußlands

Seit langem sind einzelne russische Gerichte beinahe in aller Welt bekannt: vor allem Delikates-
sen wie Stör, Lachs, roter und schwarzer Kaviar,
eingelegte Gurken sowie Beeren und natürlich
Krimsekt. Manch einer hat schon vom *Borschtsch*
gekostet, aber der ist eine ukrainische, keine russische Suppe. Wodka ist sehr bekannt, indes von
Pirogi kaum jemand etwas weiß. Wo allerdings
könnte man die russische Küche auch kennenlernen? In europäischen Städten gibt es kaum russische Restaurants, in das Land selbst reisen bis
heute wenige. So soll dieses Buch dazu beitragen,
die echte russische Küche in ihrer herkömmlichen wie moderneren Form dem interessierten
Leser und Koch näherzubringen.

In ihrer heutigen Form existiert die russische
Küche seit etwa hundert Jahren. Damals erschien
eine Vielzahl von umfassenden Kochbüchern,
die eine Übersicht über die russische kulinarische Tradition ermöglichten. Bis zu jenem Zeit-
punkt besaß die russische Küche jedoch bereits
eine tausendjährige Tradition, die sich in mehreren Phasen entwickelt hatte:

◆ die altrussische Küche
vom 9. bis 16. Jahrhundert

◆ die Küche des Moskauer Staates
im 17. Jahrhundert
◆ die Küche des 18. Jahrhunderts
◆ die Petersburger Küche
um das Ende des 18. Jahrhunderts
◆ die gesamtrussische Küche
in der zweiten Hälfte des 19. Jahrhunderts
◆ die sowjetische Küche ab 1917

Die altrussische Küche

Das kalte Klima Rußlands, sein langer, frostiger Winter zwangen die Russen, warme, gut geheizte Häuser zu bauen. So entstand der russische Ofen. Er war groß, auf ihm konnten drei bis vier Menschen, hauptsächlich die Alten und Kinder, schlafen. Im Winter wurde der gesamte Ofenkörper beheizt. Den Sommer über schloß man ein spezielles Türchen, wodurch mehrere Luftgänge abgetrennt wurden und das brennende Holz nur den Herd zum Kochen erwärmte. Der Ofen und seine Temperaturregelung bestimmten die Zubereitung der Speisen: Sie konnten gekocht, geschmort, gedämpft, gebacken, aber niemals gegrillt oder gebraten werden. Es gab keine Kombination von Wärmebehandlungen.

Die Ofentemperatur wies drei Stufen auf: »vor dem Brotbacken«, »nach dem Brotbacken« und »auf freier Luft«. Die Wärme wurde ohne unmittelbaren Kontakt der Gefäße – hauptsächlich Tontöpfe – mit dem Feuer nur über die dicke Schicht der Backsteine übertragen. Deswegen waren die Temperaturen entweder streng konstant oder fallend, niemals jedoch ansteigend wie bei der Zubereitung auf einem Herd. Dies gilt es unbedingt zu berücksichtigen, wenn man traditionelle russische Speisen zubereiten will.

Der lange Winter machte es nötig, Vorräte anzulegen. So wurden Pilze und Beeren getrocknet, Kraut und später auch Gemüse und Obst wie Äpfel in einer Lake eingelegt – ohne Essig, nur auf der Basis natürlicher Milchgärung. Fisch und Fleisch wurden gepökelt.

Die Grundlage der Tafel bildeten Brot, Gerichte aus Getreidekörnern und verschiedene

Mehlspeisen. Schon damals aß man überall im Land schwarzes Roggenbrot, das auch heute auf keinem russischen Eßtisch fehlen darf. Die Liebe eines ganzen Volkes zu diesem auf Sauerteigbasis gebackenen Brot hatte weitreichende Folgen: Auf dem Ökumenischen Konzil Mitte des 11. Jahrhunderts stritt man wegen des heiligen Abendmahls, denn die russischen Bischöfe lehnten das ungesäuerte Brot ab. Byzanz wollte die Rus nicht verlieren, nicht zuletzt deshalb kam es zur Spaltung der Kirche in eine östliche und eine westliche.

Wie wichtig das schwarze Roggenbrot für die Russen ist, läßt sich auch an folgenden Beispielen ablesen: Während des russisch-türkischen Krieges 1736 drang ein 54 000 Mann starkes russisches Heer in das Krim-Khanat ein. Der Brotnachschub blieb für einige Zeit aus, man mußte aus Weizenmehl Brot backen – die Soldaten wurden krank und schwach. Graf Scheremetjew schrieb ironisch aus Paris an den berühmten Dichter Puschkin: »Schlimm läßt es sich in Paris leben, nicht einmal Schwarzbrot bekommt man.« Es stimmt, daß Russen im Ausland am meisten das unnachahmliche russische Schwarzbrot vermissen.

Brot und Salz bleiben Symbole des Reichtums und der Gastfreundschaft. Besonders wertgeschätzte Gäste, hauptsächlich bei öffentlichen Empfängen, werden bis heute mit Brot empfangen, auf dem eine gefüllte Salzdose steht. Der Gast bricht ein Stück Brot ab, salzt und verspeist es. Alle alten Rezepte für Mehlspeisen und Backwaren basieren ausschließlich auf gesäuertem Teig aus Roggenmehl, der aufgrund der Wirkung von Pilzkulturen gereift ist. So entstanden die Mehl-*Kiseli*, *Bliny* und *Pirogi* aus Roggenmehl. Im 14. und 15. Jahrhundert wurde Weizen eingeführt und später auch angebaut; die Kombination beider Mehlsorten brachte neue Backwaren hervor: *Oladji*, *Baranki*, *Bubliki* (ringförmige Brotstücke) sowie *Kalatschi*, die aus reinem Weizenmehl gebacken werden. Man erfand immer neue Füllungen für *Pirogi*: Fisch, Fleisch, Geflügel, Pilze, Gemüse, Graupen, Quark, Obst. Auch *Kascha* (Brei) ist uralt. Sie wurde aus Buchweizenkörnern, Roggen, Gerste oder Dinkel auf drei Arten, in je nach Wassermenge steifer, mürber oder dünnflüssiger Konsistenz, gekocht und mit Fleisch, Gemüse, Pilzen und anderem ergänzt.

Im 10. bis 14. Jahrhundert bildete *Kascha* ein rituelles Gemeinschaftsmahl am Anfang und Schluß eines jeden größeren gesellschaftlichen Ereignisses und war synonym mit dem Wort »Schmaus«. Die Neigung, Mehlspeisen mit Fisch und Fleisch zu kombinieren, führte zur Entlehnung einiger Nudelgerichte bei benachbarten Turkvölkern im Osten. So gelten schon lange *Pelmeni* oder *Lapscha* als echte russische Gerichte.

Im Mittelalter entwickelte sich eine Vielzahl von russischen Nationalgetränken: Honigweine, gebraute Getränke wie *Kwas* und Bier, vergorene Säfte wie zum Beispiel Birkensaft. Bereits um die Mitte des 15. Jahrhunderts war auch die nationale Technik der Wodkaherstellung ausgereift. Der russische Wodka wurde aus Roggenkörnern durch »Sitzenlassen« und nicht durch Destillation hergestellt, das heißt durch langsames Verdampfen und Kondensieren in demselben Gefäß. Ab dem 16. Jahrhundert bestand ein staatliches Monopol für die Wodkaproduktion.

Schon im frühen Mittelalter vollzog sich eine Trennung in Fastenspeisen (Fisch, Pilze und Pflanzliches) und Festtagsspeisen (Milch, Fleisch, Butter, Eier). Je nach Jahr mußten 192 bis 216 Fastentage streng beachtet werden. Das prägte die russische vegetarische Küche bis in das frühe 19. Jahrhundert. So entstand die Vielfalt an Pilz- und Fischgerichten sowie eine Vorliebe für pflanzliche Grundprodukte (Kräuter, Beeren, Körnerfrüchte usw.). Dieser Einfluß war nicht nur positiv: Das strenge Verbot, Fastenspeisen- und Festtagszutaten zu kombinieren, hemmte die Erfindung von neuen Gerichten.

In jener Zeit bemühte man sich, jede Art von Gemüse, Fisch oder Pilzen gesondert zuzubereiten und die Fastentafel damit zu variieren. Mischgerichte wie Salate waren für die russische Küche bis in das 19. Jahrhundert untypisch. Fast alle Gerichte wurden nach ihrem Ausgangsprodukt benannt: Hecht-*Ucha*, Brachsen-*Ucha* (diverse Fischsuppen). Gemüse und Pilze wurden getrennt eingelegt. In der ersten Entwicklungsphase der russischen Küche bildete sich auch die spezifische Vorliebe für flüssige, heiße Gerichte heraus. Besondere Verbreitung fanden Gemüse- und Kräuter-*Schtschi* sowie verschiedene Mehlsuppen. Milch, Eier und Fleisch wurden selten verwendet. An Süßspeisen waren nur Honig und Beeren bekannt. Mit Mehl und Butter vermengt, wurden sie zu *Prjaniki* (Lebkuchen) verarbeitet.

Hervorragende Auskunft über die Eßgewohnheiten der Russen in der ersten Hälfte des 16. Jahrhunderts gibt uns »Domostroj«, eine Schrift aus dem Jahre 1537, verfaßt von Sylvester, dem Berater des Zaren Iwan IV., auch als Iwan der Schreckliche bekannt. Hier eine Leseprobe aus diesem Hausbuch und Sittenkodex: »Der Herr soll mit seinem Weibe über alle Dinge des Hauswesens Rat halten und den Beschließer unterweisen, was dem Gesinde alle Tage vorzusetzen sei – an den Fleischtagen Brot aus gebeuteltem Mehl, Kohlsuppe, Wasser-*Kascha* mit Schinken und bisweilen angedickte *Kascha* mit Speck vermischt, zu Mittag Fleisch, so oft es sich ergibt; sonntags und zu Feiertagen einmal *Pirogi*, ein anderes Mal *Kiseli*, *Bliny* oder eine sonstige Speise. Zum Abend gibt es Kohlsuppe und Wasser-*Kascha*, manchmal mit Saft, auch Erbsen, Dörrfisch oder Rüben, des Abends bisweilen Kohlsuppe, Kohl oder Hafermehlbrei, dann wiederum Suppe mit sauren Gurken oder *Botwinja*. Sonntags und an Feiertagen reicht man zu Mittag *Pirogi*, wie man hat, oder dicke Gerstensuppe, Hirsebrei oder Herings-*Kascha* und was Gott gibt, und zum Abendessen Kohl, Suppe

mit sauren Gurken, *Botwinja* oder Hafermehl-
suppe... Des weiteren eine Anweisung vom
Hausherrn oder der Hausherrin an den Koch
und den Beschließer, wie für die Familie, das
Gesinde oder die Armen gewöhnliche und
Fastenspeisen zuzubereiten seien. Kohl, Kraut
oder Wurzelgemüse wird fein gehackt, sauber ge-
waschen und gargekocht oder gedünstet. An gewöhnlichen Tagen gibt man Fleisch, Schinken
oder Schinkenspeck dazu, rührt Rahm hinein
und kocht es auf, zu den Fasten aber gibt man
Saft oder eine Brühe hinzu und kocht es gut,
oder man schüttet Graupengrütze dazu und
kocht sie mit Salz und schäumendem *Kwas*.
Ebenso kocht und dünstet man allerlei *Kascha*
mit Speck oder Butter, mit Hering oder Saft. Alle
Gerichte für die Familie sind sorgsam zuzubereiten, auch das Brot ist gut zu kneten, zu säuern, zu
walken und zu backen, desgleichen die *Pirogi*.«

Die Küche des Moskauer Staates

Polnisch-schwedische Intervention, Bauernauf-
stände und die damit verbundene politische
Spannung führten zu einer Spaltung der altrussischen Gesellschaft und schließlich zum Rückfall
in patriarchalische Verhältnisse, was sich auch
in der nationalen Küche bemerkbar machte.
Während die Küche des Volkes mehr und mehr
verarmte, wurde die Küche des Adels und der
Bojaren immer reichhaltiger und delikater.
Wenn sich der arme und der reiche Tisch früher
lediglich durch die jeweilige Menge an Gerichten
unterschieden, so entstand mit der Entwicklung
eines intensiven Außenhandels, der Einführung
des Monopols für eine Reihe von Waren (Honig,
Kaviar, Wodka, Salz, Hanf) und der Relation
Ware/Geld eine scharfe Trennung im Sortiment
der Nahrungsmittel. Die Tafel des Zaren und der
russischen Oberschicht wurde immer prunkvol-
ler, integrierte neue, exotische Nahrungsmittel
sowie Gewürze und prägte die Moskauer Küche
bis in das 20. Jahrhundert hinein.

1638 tauchte zum ersten Mal chinesischer Tee
bei Hof auf, 1674 wurde er bereits frei gehandelt.

Für breite Volksmassen allerdings war und blieb er bis um die Mitte des 19. Jahrhunderts unerschwinglich.

Der Fastentisch des Adels wurde reichhaltiger durch Fischspezialitäten aus den neu eroberten Gebieten: den Astrachaner *Balyk*, schwarzem Uralkaviar, sibirischer *Nelma* und *Omul* aus dem Baikalsee. Die orientalische, insbesondere die tatarische Küche beeinflußte die Kochkunst des 17. Jahrhunderts stark. Rosinen, Datteln, getrocknete Aprikosen, Wasser- und Zuckermelonen, Granatäpfel und Zitronen gelangten auf den Tisch der Reichen. Neben neuen entwikkelte man die herkömmlichen Gerichte weiter. Endgültig bildeten sich die Grundtypen der russischen Suppen heraus: *Kalja, Soljanka* und *Rassolnik.* Die Palette der Süßspeisen wurde um Sukkaden (kandierte Fruchtschalen wie Zitronat, Orangeat), viereckige Pfefferkuchen, *Warenje* (eine Art Konfitüren) erweitert, die Neuheit Rohrzucker zu Kandiszucker verarbeitet und den neugeschaffenen Rezepten beigefügt.

Eine Bojarentafel bog sich unter immensen Speisemengen: Bis zu fünfzig Gerichte servierte man bei einfachen Bojaren, am Hof des Zaren gar einhundertfünfzig oder zweihundert Gerichte. Mehrere Diener trugen riesige Schwäne, Wildschweine, Gänse, Welse und Störe auf riesigen Tabletts auf. Die Diners dauerten sechs bis acht Stunden, umfaßten ein Dutzend Gänge und versetzten alle Ausländer in Staunen.

Trotz der ungeheuren Auswahl an Gerichten wies die russische Küche damals nur geringe Kombinierfähigkeit und geschmackliche Eigenart der Speisen auf. Die Zutaten durften nach wie vor weder zerkleinert noch vermischt werden.

Diese Epoche, die reichlich hundert Jahre dauerte, läßt sich nach den Zaren Peter I. und Katharina II. benennen. In dieser Zeit vollzog sich endgültig die radikale Trennung der Küche der herrschenden Schichten von der nationalen Küche des einfachen Volkes. Erstere brach de-

Die Küche des 18. Jahrhunderts

monstrativ mit den russischen kulinarischen Traditionen.

Seit der Zeit Peters I. setzten sich in allen Lebensbereichen europäische Gepflogenheiten durch. Reiche Magnaten brachten ausländische Köche aus Westeuropa mit, zunächst überwiegend Holländer und Deutsche, später, zur Zeit Elisabeths I., Schweden und Franzosen, dann Engländer. Um die Mitte des 18. Jahrhunderts begannen französische Köche, die russischen, leibeigenen Köchinnen und Köche des Adels fast völlig zu verdrängen. Durch fremde Einflüsse gelangten neue Gerichte nach Rußland: gehacktes Fleisch, Aufläufe, Pasteten, Rouladen, deutsche Butterbrote und Suppen, französischer Käse und Klöße.

Die Petersburger Küche

Gegen Ende des 18. Jahrhunderts war der Siegeszug westeuropäischer Speisen, Küchengeräte, Zubereitungsarten und westeuropäischen Tafelgeschirrs vollendet. Die Kochbücher kamen aus dem Ausland und enthielten so gut wie keine russischen Rezepte, russische Kochbücher waren äußerst rar.

Erst nach dem Vaterländischen Krieg gegen Napoleon von 1812 erwachte das Interesse an allem Russischen, also auch an der nationalen Küche. Echte russische Kochbücher waren aber nicht zu finden. Der europäische kulinarische Einfluß blieb zwar erhalten, man übernahm jedoch nicht mehr einfach ausländische Gerichte, sondern »überarbeitete« russische Gerichte nach französischem Geschmack. Großen Erfolg hatte dabei der legendäre Koch Antonin Carême. Andere Franzosen setzten sein Werk fort. Sie führten die alte russische Tradition des Auftragens wieder ein, wonach man die Speisen nicht gleichzeitig, sondern nacheinander servierte. Die Anzahl der Gänge wurde drastisch reduziert, schwerverdauliche Speisen wechselten mit leichten ab. Man kredenzte nicht länger ganze Tiere, sondern Fleischportionen. Immer häufiger wurden die Zutaten zerkleinert, zerrieben, zerstoßen. Man regte an, für die russischen *Pirogi* statt des Roggenmehlsauerteigs weichen Blätterteig aus Weizenmehl zu verwenden. Gepreßte Hefe wurde eingeführt: So ließ sich Sauerteig statt wie vorher in zehn bis zwölf in zwei Stunden vorbereiten. Man grub eine Reihe alter russischer Rezepte aus und bereicherte auf diese Weise die Speisekarte erheblich. Schließlich wurden die Zutaten kombiniert, nun aßen die Russen Salate, Vinaigretten und gemischte Beilagen.

Revolutionär war die Einführung des Herds und die damit verbundene Übernahme neuer Speisen, neuen Geschirrs und Küchengeräts (Schaumlöffel, Durchschläge, Tiegel, Kasserollen). Gleichzeitig wurden nun auch russische Köche gründlich ausgebildet.

Während in den Adelklubs und Restaurants von Petersburg und Moskau die russische Küche verfeinert wurde, vollzog sich in den herrschaftlichen Häusern der Gutsbesitzer auf dem Land ein ebenso wichtiger Prozeß – das Sammeln, Auffrischen und Weiterentwickeln längst vergessener altrussischer Rezepte. Weitere Faktoren, die bei der Herausbildung der gesamtrussischen Küche eine wichtige Rolle spielten: Die stürmische Entwicklung des Eisenbahnwesens verband entfernteste Landesteile miteinander, rasch setzte eine gegenseitige Beeinflussung verschiedener nationaler Küchen ein. Auf die russische Speisekarte gelangten neue Gerichte, die sehr bald zu gesamtnationalen wurden. Das gilt für *Pelmeni* aus Sibirien, Steppengroßwild vom Don, fernöstlichen *Gorbuscha* (Buckellachs) und roten Kaviar, Murmansker Rentierfleisch, baschkirischen Honig sowie *Kumys* (saure Stutenmilch) aus den kasachischen Steppen. Dabei konnten alle früheren Veränderungen, Entlehnungen und Einflüsse aus dem Westen das Wesen der russischen Küche nicht entstellen, da sie im Volk fest verwurzelt blieb.

Die wichtigsten Wesenszüge der russischen Küche sind bis heute die Vorliebe für Brot, *Bliny,*

Die gesamtrussische Küche

Pirogi, Kascha und sorgfältig zubereitete kalte und warme Suppen, die Vielfalt an Fisch- und Pilzgerichten, verschiedene Salzgemüse, Salzpilze, *Warenje,* Lebkuchen, spezielle Backwaren zum Tee und manches andere. Die Bedeutung von Brot für die Russen wurde bereits erwähnt; sie essen Brot nicht nur zu dünneren Suppen, sondern sogar zu Hauptspeisen, die bereits Beilagen wie Kartoffeln, Kohl oder Reis enthalten. In den sechziger und siebziger Jahren lag Brot in allen Kantinen auf dem Tisch, so daß jeder soviel nehmen konnte, wie er mochte. Als Hauptnahrungsmittel wurde es subventioniert und war auch in den Mißerntejahren, als die Sowjetunion Getreide für Devisen im Ausland kaufen mußte, nicht teuer. Die Brotpreise wurden über Jahrzehnte stabil gehalten. Die Regierung behauptete zwar, sie importiere nur Futtergetreide. Das Volk durfte nie einen Mangel an Brot verspüren, das war die oberste Maxime. Weißes Brot aus Weizenmehl kannte man in Rußland bis zu Beginn des 20. Jahrhunderts kaum, erst nach der Oktoberrevolution 1917 wurde es schnell – und mit ihm Makkaroni, Nudeln allgemein sowie andere weiße Teigwaren – im ganzen Land populär.

Ohne Suppen kann es kein Russe zwei Tage lang aushalten. Neben den herkömmlichen *Schtschi, Rassolnik, Soljanka, Okroschki* enthält die russische Speisekarte heutzutage westeuropäische Boullion, diverse Cremesuppen, Suppen mit Graupen und Fleisch als Einlagen, ukrainischen *Borschtsch* und asiatische *Schurpa* mit Hammelfleisch.

Die Fischspeisen hingegen mußten um die Jahrhundertwende ihren ersten Platz an die Fleischgerichte abtreten. Wild und Pilze wurden zeitweilig durch Wurst- und Räucherwaren sowie Konserven verdrängt. Heute jedoch haben Pilze, Fisch und Wildbret auf der nationalen Festtafel wieder eine Vorrangstellung.

Während die altrussische Küche sich auf das Kochen, Schmoren, Dünsten und Backen be-

schränkte (das Braten entlehnte man später bei
den Tataren), bereitet man nun das Essen auf
dem Herd zu. An dieser Stelle muß betont werden, daß trotz aller Versuche, eine ganze Reihe
von altrussischen Speisen der neuen Technologie
anzupassen, die nationale Eigenart ihres Ge-
schmacks nicht gerettet werden konnte. Auch
bei peinlich genauer Einhaltung der klassischen
Rezepturen bleibt stets ein Unterschied im
Geschmack.

Bekanntermaßen schmeckt nicht nur Obst
und Gemüse, sondern sogar Fleisch zu unterschiedlichen Zeiten und in verschiedenen Ländern anders; das liegt am jeweiligen Futter, der
Tierhaltung, der Wasserqualität, dem Klima und
anderen Faktoren. Es wird häufig empfohlen,
man solle die Gerichte nationaler Küchen in den
Ländern selbst genießen, denn nur dort komme
ihr Geschmack vollständig zur Geltung. Das ist
natürlich nicht immer möglich, wovon man sich
aber nicht entmutigen und die eigene Wiß-
begierde beim Kennenlernen anderer Kulturen
nicht bremsen lassen sollte.

Die jüngste Entwicklung der russischen Küche
wurde entscheidend durch sozialpolitische und
wirtschaftliche Umwälzungen bedingt. Die Re-
volution im Oktober 1917 löste einen langjähri-
gen, verheerenden Bürgerkrieg aus, der auf den
Ersten Weltkrieg folgte. Beide Kriege resultierten
in gewaltigen Truppenverschiebungen, unge-
heure Menschenmassen bewegten sich durch das
Land: Soldaten, Flüchtlinge, Gefangene.

Die Industrialisierung der dreißiger Jahre er-
forderte viele Arbeitskräfte für die neuerschlos-
senen Gebiete Sibiriens, des Fernen Ostens, des
hohen Nordens. Die Belegschaften der neuen
Baubetriebe und Werke waren multinational, in
der Pause speisten ein Russe und ein Kasache an
einem Tisch. Meistens aßen sie das gleiche, denn
die Auswahl war nicht besonders groß.

Stalins Terrorpolitik gegen das eigene Volk
schuf den berüchtigten GULAG, die Hauptver-

Die sowjetische Küche

waltung der Straflager in der UdSSR, wo Millionen Menschen aller möglichen Nationalitäten gefangengehalten wurden. Ganze Völker wie Kabardiner, Tschetschenen, Inguschen, Balkaren, Mescketentürken oder Wolgadeutsche wurden umgesiedelt. So kamen Menschen verschiedenster Kulturen auf engstem Raum zusammen und lernten einander und andere Lebensgewohnheiten kennen. Diese »Völkerberührung« setzte sich während des Zweiten Weltkriegs (Großer Vaterländischer Krieg genannt) fort. Auch in den darauffolgenden Jahrzehnten wurden zwischennationale Kontakte ausgebaut, etwa bei der »Erschließung des Neulands« in Nordkasachstan Ende der fünfziger, Anfang der sechziger Jahre, allerdings auf friedliche und humanere Weise.

Die gesamte Bevölkerung der Sowjetunion war und ist berufstätig, auch die Mehrzahl der Frauen arbeitet ganztägig. Zu NÖP-Zeiten (Neue Ökonomische Politik) Mitte bis Ende der zwanziger Jahre waren kleine Privatunternehmen zugelassen. In den Städten spielten die privaten Speisewirtschaften eine wichtige Rolle, obwohl sie manchmal winzigklein waren und nur zehn bis 15 Personen faßten. Wegen der großen Konkurrenz mußten sie auf Qualität und Wohlgeschmack der Kost achten, wodurch die guten alten Kochtraditionen gefördert wurden. Im allgemeinen war jedoch die Versorgung der Werktätigen mit Lebensmitteln bis in die dreißiger Jahre recht knapp. Bis dahin gab es noch Lebensmittelmarken. Allein diese Tatsache spricht vom Zustand der nationalen Küche.

Zur gleichen Zeit blieben indes einzelne Oasen der wahren Kochkunst bestehen, die natürlich nur Auserwählten zugängig waren. Michail Bulgakow schildert in seinem berühmten Roman »Der Meister und Margarita« den Dialog zweier Moskauer Schriftsteller, Mitglieder des Schriftstellerverbandes, der ein eigenes Restaurant besaß: »Du wirst mir sagen, Foka, man kriegt auch im ›Kolisej‹ Zander. Aber im ›Kolisej‹ kostet eine Portion 13 Rubel, bei uns bloß 5,50! Außerdem ist der Zander im ›Kolisej‹ drei Tage alt, und du hast dort keine Garantie, daß dir nicht der erstbeste junge Spund, der von der Theaterstraße reingekommen ist, einen Weintraubenstrunk in die Fresse schmeißt. Red mir nicht zu, Foka!« – »Ja-ha-ha... Das gab's, das gab's! Alte Moskauer erinnern sich noch an das berühmte Restaurant! Was war schon gekochter Zander! Ein Garnichts...! Hingegen der Sterlet in Silberpfanne, Sterlet in Stücken, umlegt mit Krebsschwänzen und frischem Kaviar? Und die Eier à la Cocotte mit Champignonpüree in Tassen? Und die Drosselfilets, haben die Ihnen nicht gemundet? Mit Trüffeln? Und die Wachteln à la Genua? Für neuneinhalb Rubel! Und die Tanzkapelle und die höfliche Bedienung! Und im Juli... wenn sie auf der Veranda saßen, im Schatten der Weinreben, vor sich im Sonnenschein auf dem blitzsauberen Tischtuch einen Teller Suppe à la Printemps?... Was sind schon Ihre Schnäpel und Zander! Und die Doppelschnepfen, Sumpfschnepfen, Waldschnepfen je nach Saison? Und wenn das Narsan in der Kehle zischte? Aber genug, es lenkt dich ab, Leser! Mir nach!«

Die von Stalin 1927 angeordnete und intensiv vollzogene Zwangskollektivierung führte zur fast völligen Vernichtung der Bauernschaft im Agrarland Rußland und damit zu einer Hungersnot in den frühen dreißiger Jahren, als in der Kornkammer Europas, der Ukraine, Millionen Menschen verhungerten. Vor diesem historischen Hintergrund fällt es schwer, über Leckereien zu sprechen.

Die Abschaffung der NÖP und die forcierte Verstaatlichung sämtlicher Lebensbereiche brachte Millionen von Menschen mit der Küche der Gemeinschaftsverpflegung in Berührung. Ende der sechziger Jahre »besiegte« die Gemeinschaftsverpflegung als kulinarische Richtung sogar die häusliche Küche. Dabei befand sich in den fünfziger und sechziger Jahren die genossenschaftliche Speisenproduktion auf sehr niedrigem Niveau. Die wenigen Fachkräfte lernten zwar in staatlichen Berufsschulen, wurden aber einseitig ausgebildet. Die alte, bürgerliche Kultur war in allen Bereichen nahezu ausgerottet, sowjetische Proletarier durften keine Individualisten, ja Feinschmecker sein!

Der Verlust alter, erfahrener Berufsköche, Mangel an Kontinuität und schlecht ausgebildetes Peronal verursachten eine Vernachlässigung der kulinarischen Tradition. Wer keinen eigenen Haushalt führte, mußte auf Sauer- und Salzgemüse, getrocknete Pilze und Wildfrüchte verzichten, denn all das gab es in den Kantinen nicht. Auch Süßwasserfische, die man vor dem Krieg lebend auf dem Markt oder im Geschäft kaufen konnte, wurden knapp. Manche der traditionell verzehrten Flußfischarten verschwanden: der große, fette Wolgahering aus dem Kaspischen Meer, der *Wobla* aus der Wolga, der Zander, die baltische Zärte und andere mehr. Mit ihnen starben typische Gerichte der altrussischen Küche aus, die völlig auf jene Fische zugeschnitten gewesen waren. Dafür kamen unbekannte Meeresfische auf den Markt, welche die Russen auf die ihnen gewohnte Art zubereiteten, doch die wiederum eignete sich für Meeresfische nicht. Schlechte Köche taten ein übriges, so daß Meeresfische in tiefgefrorener, filetierter oder abgepackter Form unpopulär blieben.

Die totale Unterdrückung jeglicher Privatinitiative durch den Staat hatte eine Nivellierung und Verarmung der Speisekarte zur Folge. Die Industrialisierung führte zur vermehrten Produktion von Konserven und vorgefertigten Nahrungsmitteln. Nun hielten auch in den Restaurants westeuropäische Gerichte Einzug: Koteletts, Fleischklopse, Beefsteaks, Hamburger, Schnitzel, Rouladen und Gerichte mit Füllungen, die in den vergangenen dreißig bis vierzig Jahren zu verbreiteten »russischen« Gerichten avancierten. Importe aus Jugoslawien, Rumänien und Ungarn brachten untypische, in Marinade eingelegte Früchte mit sich, während das russische Sauergemüse stets ausschließlich in

Salz eingelegt und der Milchgärung überlassen wurde. Aber die überforderte, gestreßte Russin hatte ohnehin fast keine Zeit, hausgemachte Vorräte anzulegen. In der kleinen Stadtwohnung fehlte hierfür auch der Platz.

Die Speisekarte der öffentlichen Kantinen war im Lauf der Jahrzehnte auf wenige Standardgerichte geschrumpft. Morgens wurden Kefir, saure Sahne, Eier, Käse, Quark, *Blintschiki*, Milchbrei, Milch und Tee oder Kaffee mit Milch angeboten. Mittags standen zwei bis drei Suppen auf dem Programm, einige warme Vorspeisen, beispielsweise ein Stück gekochtes Rindfleisch, Frikadellen oder Fisch. Die Beilage bestand gewöhnlich aus Kartoffelpüree oder Reis, häufig Buchweizen-*Kascha* oder geschmortem Gemüse. Zum Nachtisch gab es dünnflüssiges Kompott oder *Kiseli*. In Cafés und Restaurants konnte man allerdings immer auch *à la carte* speisen.

Während der siebziger Jahre nahm der Anteil an Eierspeisen stark zu, ebenso jener von Hausgeflügel und Wurstwaren, die es zur Verwendung bei den warmen Hauptgerichten halbfertig vorbereitet zu kaufen gab. Aus Zeitmangel wurde nun das Geflügel im Ganzen gegart und kaum noch mit Äpfeln, Kartoffeln usw. gefüllt. Zum Dessert reichte man Fertigkompotte und -torten. Das Gewürzsortiment ging drastisch zurück. Limonaden kaufte man im Laden, niemand bereitete mehr *Woditzi* zu. Industriell produziertes Bier, Obst- und Gemüsesäfte, staatlich erzeugter Wodka und Champagner standen in den Ladenregalen.

Gleichzeitig jedoch zeigte sich eine neue Tendenz, denn sowohl bei Berufsköchen wie auch unter der Bevölkerung erwachte neues Interesse an der altrussischen und Moskauer Küche des 17. Jahrhunderts, an den authentischen Kochrezepten der Völker der Sowjetunion, an den transkaukasischen und zentralasiatischen Spezialitäten. Armenische *Tapaka*-Hähnchen, georgischer Schaschlik (*Mzwadi*), usbekischer *Plow* sind für jeden Russen ein Begriff. Diese

Gerichte fanden Eingang in die Restaurant- und Kantinenküchen. Dennoch schmecken »russische« Schaschliks anders als die im Kaukasus, denn ihnen fehlen viele Kräuter, die dort immer ganz frisch dazu aufgetragen werden.

Eine gewisse Liberalisierung im Laufe der Perestrojka machte geschäftliche Kontakte zu ausländischen Firmen möglich. In der Moskauer Hauptstraße wurde ein großes Fast Food-Restaurant eröffnet, wo russische Bedienstete in roten Mützen fremdländisches Schnellfutter verkaufen. Nebenan entstanden Pizzerien, überall davor lange Warteschlangen. Dabei kennt die russische Küche nicht weniger gute Kost: etwa *Pirogi, Beljaschi* und Beerengetränke. Sie werden ohne chemische Zusätze zubereitet, sind gesund und sehr schmackhaft.

Der russische Tee

Tee kann man als russisches Nationalgetränk bezeichnen. Er gelangte auf der berühmten Seidenstraße über Zentralasien aus Nordchina nach Rußland. Die örtliche Aussprache des chinesischen Wortes klang dort wie *tschaj,* was die Russen als Namen übernahmen. In Südchina wird dasselbe Schriftzeichen etwa wie »ti« ausgesprochen. Von dort wanderte der Tee in einige andere Länder Europas als »Tee« ein. In Südosteuropa, Vorder- und Zentralasien trinkt man wiederum *tschaj, tschoj, schaj* oder *zaj.*

Im Jahre 1567 bereisten die beiden Kosaken-Atamanen Petrov und Jalyschev China und beschrieben das ungewöhnliche Getränk. 1638, also viel früher als in England, stand der erste Tee auf dem Tisch des Zaren, das Geschenk eines westmongolischen Khans, der dem russischen Botschafter als Gegenleistung für einige Zobelpelze 64 Kilogramm Tee buchstäblich aufdrängte. Der Tee schmeckte dem Zaren, wurde bald in der Stadt frei verkauft und fand in Rußland als Massengetränk schneller Verbreitung als in Westeuropa. Allerdings trank man ihn nur in den Städten. Moskau hielt bis in das 19. Jahrhundert das Monopol für den Teegroßhandel, dort und in den umliegenden Regionen wurde bis dahin über die Hälfte der russischen Teeeinfuhr konsumiert. Tee war teuer, deswegen wurden 62 Prozent aller Rauchwaren aus Rußland nach China zur Bezahlung der Teeimporte ausgeführt – bis Ende des 19. Jahrhunderts konnte man Tee nur im Tausch gegen andere Waren erwerben.

Die Teesteuer war ebenfalls sehr hoch. Sie belief sich auf 80 bis 120 Prozent des Einkaufspreises. Auf diese Weise machte der russische Staat mit einer Gesamtteesteuer von 5,5 Millionen Rubel jährlich genausoviel Gewinn wie die chinesischen Kaufleute. Seit 1886 zählt Tee in der russischen Armee zu den Grundnahrungsmitteln: Die Rote Armee wurde reichlich mit Tee versorgt. Seit der zweiten Hälfte des 19. Jahrhunderts verkaufte man Tee auf dem Jahrmarkt von Nishnij Nowgorod, später auch in Odessa, Rostow, Poltawa, Astrachan und Samara. Um die Jahrhundertwende zählte Rußland zu den wichtigsten Teekonsumenten weltweit.

Damit der Tee schmeckt, muß er korrekt zubereitet werden. Das verwendete Wasser spielt dabei eine wesentliche Rolle: Es darf nicht zu hart sein, keinen Nebengeruch haben und muß auf die richtige Weise zum Kochen gebracht werden. Die letzte Bedingung wird oft außer acht gelassen. Um sie zu erfüllen, erfand man in Rußland den Samowar.

Tee enthält Dutzende Fermente, Vitamine und ätherische Öle, die im Wasser gelöst werden und für den Menschen sehr gesund sind, aber auch ungesunde Substanzen, die nicht in die Lösung gehören. Deshalb sollte man nur siedendes, nicht aber schon sprudelnd kochendes Wasser verwenden. Man unterscheidet drei Kochphasen: Zunächst bilden sich winzige Bläschen, in zunehmender Anzahl; sie verursachen eine kurze Eintrübung des Wassers, es wird »milchig«; schließlich kocht das Wasser sprudelnd. Nur das Wasser, das gerade aufkocht, aber noch nicht sprudelnd kocht, eignet sich zum Teeaufbrühen. Man muß also sehr gut aufpassen. In der ersten Kochphase hört man einen leisen, »einstimmigen« Pfeifton. In der zweiten klingt das siedende Wasser wie ein Bienenschwarm. Die dritte Phase – eine reine Kakophonie. Im russischen Samowar, der alle Innengeräusche verstärkt, »singt« das Wasser in seiner zweiten Siedephase, das Signal zum Teeaufbrühen. Der Samowar wird mit Holzkohle geheizt. Indem die heiße Luft durch die sich im Inneren befindliche Röhre aufsteigt, wird das gesamte Wasservolumen gleichmäßig erhitzt, was mit einem normalen Teekessel nicht möglich ist.

Nun gießt man das »korrekt« kochende Wasser in eine Porzellankanne mit einer Portion trockenen Tees darin. Zuvor hat man die Kanne einige Male mit kochendem Wasser durchgespült. Beim Aufbrühen wird die Teekanne je nach Teesorte zunächst zu einem Viertel, Drittel oder zur Hälfte mit Wasser aufgefüllt und sofort abgedeckt. Man setzt sie dann auf den Samowar, so daß die von unten aufsteigende Hitze sie warm hält. Nach ein paar Minuten wird siedendes Wasser nachgefüllt. Jetzt zieht der Tee drei bis fünf Minuten. Dann gießt jeder etwas Teesud in seine Tasse und verdünnt nach Geschmack mit heißem Wasser aus dem Samowar, der zu diesem Zweck mit einem Hahn versehen ist. Der Sud muß also stark konzentriert sein.

Was nehmen Russen zum Tee? Vor hundert Jahren steckte man ein Stückchen festen Zuckers in den Mund und schlürfte dann den Tee. Er wurde durch den Zucker eingesaugt und erhielt so die nötige Süße. Heutzutage kommt der Zucker in die Tasse, ebenso wie Zitrone, Milch und machmal Honig. Außerdem reicht man *Suschki* (hartes trockenes Weizengebäck in Ringform), Lebkuchen, Torten, Konfekt und harte Geleestücke. Auf winzigen Tellerchen wird *Warenje* serviert und mit dem Teelöffel verzehrt. Jägertee, Tee mit Rum und ähnliche europäische Varianten fanden in Rußland keine Verbreitung.

Heutzutage besitzt nicht mehr jede russische Familie einen Samowar, besonders in der Stadt nicht. Elektrische Samoware haben mit den echten nur eine äußere Ähnlichkeit und sind kein vollwertiger Ersatz; in ihnen umspült das Wasser eine elektrische Spirale, die dessen Geschmack und Qualität verschlechtert. Kaffee trinkt man in Rußland ebenfalls gern. Er konnte aber bisher den Tee nicht verdrängen. Wer mit der sowjetischen Eisenbahn fährt, kann beim Schaffner fast rund um die Uhr Tee im Glas bekommen. Dieser Service ist nicht wegzudenken. Schon in den zwanziger Jahren entstand im Volk der Brauch, den ganzen Tag über Tee zu trinken. Im Restaurant serviert man Tee stets am Ende einer Mahlzeit. Einem Gast wird Tee angeboten, keinesfalls ein kaltes Getränk wie in Westeuropa. Wird man zum Tee als einer Mahlzeit eingeladen, gibt es Torten oder *Pirogi* sowie hausgemachtes *Warenje* dazu.

Die Sowjetunion war nicht nur Teekonsument, sondern zählte neben Indien, China, Sri Lanka und Japan zu den bedeutendsten Teeproduzenten der Welt. Jährlich wurden etwa 80 000 Tonnen Tee erzeugt. Seit der Mitte des 19. Jahrhunderts wird er in Georgien, Aserbaidschan und in der Region Krasnodar am Schwarzen Meer angebaut.

Eßgewohnheiten

Auf dem Land versorgt sich die Bevölkerung mit Gemüse, Milch und Kartoffeln selbst. Brot hingegen wird fast nie zu Hause gebacken, sondern im Dorfladen gekauft. Während der sowjetrepublikanischen Zeit war die Lebensmittelversorgung in den Städten besser als in den Dörfern. In einem ländlichen Geschäft wäre beispielsweise eine Ananas nie zu finden gewesen.

Die Stadtbewohner frühstücken zu Hause. Es gibt saure Milchprodukte wie Kefir, Quark, saure Sahne, außerdem Vollmilch, gekochte oder Spiegeleier, Kochwurst, Käse, leicht gewürzte Bockwürstchen, oft auch Milch-*Kascha* (zum Beispiel

Milchreis), Brot, Tee oder Kaffee. Das Frühstück ist für die Russen wichtig, wegen des anstrengenden Klimas, langer Fahrtzeiten zur Arbeit (durchschnittlich eine Stunde) und fehlender Gelegenheiten, ein zweites Frühstück einzunehmen. Ein Sprichwort lautet: »Iß dein Frühstück selbst, teile das Mittagessen mit einem Freund, und gib das Abendbrot an einen Feind ab.« Man ißt in der Firma zu Mittag, meist in einer Kantine, denn zum Mittagessen gehört zumindest eine warme Speise – die Suppe. Das Menü sieht gewöhnlich so aus: kleiner Mischsalat als Vorspeise, dünnflüssige Suppe (etwa Fleischbrühe mit Graupeneinlage), eine Frikadelle mit Salzkartoffeln, Kompott zum Nachtisch und selbstverständlich Brot. Schüler bekommen ein warmes Frühstück in der Schule. Im Kindergarten gibt es reichlich *Kascha*, eine traditionelle russische Kinderspeise, die, durch frisches Obst und Gemüse ergänzt, sehr bekömmlich und gesund ist. Das Abendessen ist kein »Abendbrot«. Belegtes Brot wäre für einen Russen als selbständige Mahlzeit undenkbar: Es muß ein warmes Gericht aus Fisch oder Fleisch mit Beilagen sein. Hatte man mittags keine Gelegenheit, Suppe zu essen, tut man es abends. Die übliche Teezeit kann an Werktagen im Kreis der Familie kaum eingehalten werden, man kocht Tee im Büro. Am Wochenende wird er unter Beigabe von Süßigkeiten getrunken, häufig lädt man dazu Gäste ein.

»Essen gehen« kennt man fast gar nicht. Ein Restaurantbesuch gilt bis heute als etwas Besonderes. Ein durchschnittlich verdienender Russe kann ihn sich nur selten leisten, und so werden lediglich Geburtstage, Jubiläen und Hochzeiten im Restaurant gefeiert. Dann allerdings schaut niemand aufs Geld, es kommen viele Gäste, und man feiert lang, stürmisch und laut. In den Restaurants spielt fast immer eine Musikkapelle, die Gäste tanzen, die Stimmung ist ausgelassen und fröhlich.

In den Hotels, in denen Ausländer wohnen, finden solche Festlichkeiten ebenfalls statt. Nicht selten werden die Touristen zum Tanz aufgefordert oder an die Festtafel geladen und müssen dann auf das Wohl des jungen Paares trinken. Dann wird ein für Ausländer fremdes Wort gerufen, alle Hochzeitsgäste stehen auf, die Braut und der Bräutigam küssen sich öffentlich, ihre Gäste applaudieren, die Stimmung ist herrlich! Was war das eben für ein besonderes Wort? Ein Fremder hört oft »Wodka!« Nein, das Wort lautet *gorjko*, bedeutet »bitter« und hat mit einer uralten Tradition zu tun: Wenn einer der Hochzeitsgäste meinte, etwas schmecke ihm bitter, sollten die frisch Vermählten das mit ihrem Kuß versüßen. Natürlich küßten sie einander, und ihre Gäste hatten die rare Gelegenheit, diesem – in Rußland intimen – Akt zuzuschauen.

Freilich findet man in Rußland auch sehr reiche Leute, die fast täglich im Restaurant speisen, sie bilden aber keine typische Bevölkerungsschicht und prägen das Bild des Landes nicht.

Privat eingeladene Gäste müssen gut und viel essen, sonst nimmt man an, es schmecke ihnen nicht. »*Kuschajte, kuschajte*« hört man dann. Das heißt: »Greifen Sie zu, nehmen Sie, speisen Sie!« Aus diesem Grund fehlen im vorliegenden Buch auch häufig die Portionsangaben. Der russische Geschmack – und Magen – verträgt von seinen Lieblingsspeisen viel, so daß sich die Mengen nur schwer auf westeuropäische Bedürfnisse umrechnen lassen. Außerdem bereitet man bestimmte, täglich verzehrte Gerichte wie *Kiseli*, *Pirogi*, *Warenje* und Suppen oft auf Vorrat zu und nimmt bei einer Mahlzeit lediglich Teilmengen zu sich; der Rest verträgt eine gewisse Aufbewahrungszeit oder wird eingefroren.

Die Köchin gibt sich stets viel Mühe. Wenn Besuch kommt, wird das Beste auf den Tisch gebracht, sogar das, was die Familie selbst nur selten ißt. Aber für einen Gast ist das Beste gerade gut genug. Bei größeren Feiern zu Hause müssen unbedingt *Pirogi* gebacken, Kaviar, Stör und Lachs »organisiert« werden; Wodka und *Schampanskoje* dürfen nicht fehlen. Die Russen besuchen einander oft ohne Voranmeldung. Wenn sie ein Anliegen haben, kommen sie einfach vorbei. Nicht jeder hat ein Telefon, und so klingeln die Nachbarn gleich an der Tür. Sogar der Verwandte, der einige tausend Kilometer entfernt wohnt, kann plötzlich vor der Tür stehen: »Habt ihr meinen Brief noch nicht bekommen?« Sofort wird der Tisch gedeckt.

Wegen der beengten Wohnverhältnisse, aber auch aus traditioneller Gepflogenheit bewirtet man »gewöhnlichen« Besuch in der Küche. Ein Eßzimmer hat man oft nicht, in der Küche ist es gemütlich und alles zur Hand. In Rußland mit seinen weiten Entfernungen und dem harten Klima muß einem Fremden unbedingt etwas zum Essen angeboten werden. Schon russische Volksmärchen berichteten: Auf der Suche nach seiner Frau Wassilissa kam Iwan Zarewitsch in einen dichten Wald und sah ein Häuschen. Dort wohnte eine Hexe, Baba Jaga. Sie wetzte ihre Zähne. »He, du wackerer Jüngling! Was führt dich zu mir?« fragte die Baba Jaga. »Du altes Weibsstück! Bewirte mich vorher mit Speis und Trank, und führe mich in die Badestube, dann kannst du mich fragen!« Nun tat die Baba Jaga, was der Brauch verlangte, hörte sich die Geschichte des Iwan Zarewitsch an und half ihm schließlich, anstatt ihn zu fressen…

Der Gast wird nicht nur zum Essen animiert, er soll auch gut trinken. Eine Ablehnung würde den Gastgeber beleidigen, er könnte annehmen, man achte ihn nicht genügend. Das gemeinsame Wodkatrinken hat bei Männern eine fast sakrale Bedeutung und verpflichtet zu einem besonders persönlichen Verhältnis. Wenn man nicht trinken will, ist viel Takt vonnöten. Am besten erfindet man eine medizinische Ausrede wie zu hohen Blutdruck…

An einer festlichen russischen Tafel zu sitzen ist ein wunderbares Erlebnis. Alle sind entspannt, erzählen Witze, singen gemeinsam populäre moderne und Volkslieder, scherzen und lachen. Feiert eine große Gesellschaft im Restaurant, so brechen die Tische unter der Last der Gerichte fast zusammen, denn es muß üppig aufgedeckt sein. Vieles bleibt übrig, aber auch das gehört zur Feier, man ist ja nicht geizig... Auch ein einzelner Gast ißt nicht immer alles auf, was er bestellt hat. Er bemüht sich auch gar nicht, alles, was er bezahlt hat, zu verzehren. Zu Hause aber heißt es: »Iß auf!« Was nicht aufgegessen wird, verfüttert man auf dem Lande an das Vieh, in den Städten wirft man es in spezielle Sammelbehälter.

Die heutigen Eßgewohnheiten der Russen sind nicht nur von ihnen selbst bestimmt: Bei Rationierung der Lebensmittel läßt sich ohnehin nur bedingt von »Gewohnheiten« sprechen. Die derzeitige Ernährung ist unausgewogen und ungesund. Man verpflegt sich hauptsächlich mit Kohlenhydraten (Brot, Makkaroni, Getreidekörner), die Kost enthält wenig Vitamine, im Winter ist frisches Obst und Gemüse oft nur schwer zu bekommen, Fleisch wird rationiert. Milchprodukte sind ebenfalls nicht in genügenden Mengen erhältlich. Deshalb sieht man in Rußland so viele korpulente Frauen auf der Straße. Sie haben keine Zeit, Sport zu treiben, vernachlässigen ihre Gesundheit und opfern sich beim Schlangestehen für die Familie auf.

Angesichts der langen und in manchem schwierigen Geschichte der russischen Nationalküche möchte das vorliegende Buch dem Leser Einblicke sowohl in die alten Kochtraditionen als auch in die klassische Moskauer Küche und in die moderne kulinarische Szenerie Rußlands verschaffen.

Prijatnowo appetita!

◆

Suppen
Supy

◆

Die russische Nationalküche kennt wie keine andere eine Vielfalt an Suppen. Sie lassen sich in mindestens sieben große Gruppen einteilen:

◆ Kalte Suppen unter Verwendung von *Kwas* als Grundflüssigkeit. Hierzu gehören *Tjurja*, eine kalte Brotspeise, die allerdings heutzutage in Vergessenheit geraten ist, und die populäre *Okroschka*. Die einst sehr beliebte *Botwinja*, eine kalte Suppe mit Lachs, kennt man mittlerweile selbst in Rußland nicht mehr. Ihre Zubereitung ist äußerst aufwendig, weshalb in diesem Buch auf das Rezept verzichtet wurde.

◆ Leichte Suppen oder *Pochljobki* auf der Grundlage von Wasser und Gemüse

◆ Nudelsuppen *(Lapscha)* mit Pilzen, Fleisch oder Milch

◆ *Schtschi*, Kohlsuppen aus frischem Weißkohl oder Sauerkraut, mit oder ohne Fleisch, der Grundtyp der russischen Suppen

◆ *Rassolnik* und *Soljanka*, gehaltvolle Suppen mit Fleischbrühe auf salziger oder saurer Basis

◆ *Ucha* und *Kalja*, letztere heute fast unbekannt, zwei Grundarten der russischen Fischsuppen

◆ Suppen auf Getreidekörner-Gemüse-Basis

Außer den traditionsreichen Suppen ißt man heute auch verschiedene pürierte oder cremige Suppen, klare Brühen *(Buljon)* sowie süße Suppen.

Die *Okroschka* (*kroschka* bedeutet: Krümel) ist eine kalte Suppe mit *Kwas* und Gemüse als Grundbestandteilen. Man kann kaltes gekochtes Fleisch oder Fisch im Verhältnis 1 zu 1 hinzufügen. Dementsprechend unterscheidet man Gemüse-, Fleisch- und Fisch-*Okroschka*.

Die Wahl des Gemüses bleibt keinesfalls dem Zufall überlassen: Man kombiniert geschmacksneutrales mit kräftigem Gemüse. Ferner ist wichtig, daß alle Zutaten vollkommen frisch sind, da die Suppe selbst nicht gekocht wird.

Zur *Okroschka* passen gekochte Kartoffeln, Rote Bete, Steckrüben, Möhren und frische Gurken. Sie werden gewürfelt und müssen für Gemüse-*Okroschka* die Hälfte der Gemüsegrundlage bilden, bei Fisch- oder Fleisch-*Okroschka* ein Viertel bis ein Drittel der Suppenzutaten. Gewürzt wird mit gehackten Schalotten, frischem Dill, Petersilie, Sellerie, Kerbel und Estragon.

Beim Fleisch mag man unter allen Sorten und Geflügel wählen. Alle Teile lassen sich verwenden, am besten jedoch zartes Fleisch.

Sehr wichtig ist auch die flüssige Grundlage, das heißt der *Kwas* und seine Gewürzabstimmung. Man nimmt gewöhnlich den weißen, sauren *Kwas*. Bei Gemüse-*Okroschka* macht er mindestens ein Drittel der gesamten Flüssigkeit aus. Die Fisch-*Okroschka* wird zusätzlich mit Zitronensaft gewürzt.

Kalte Suppen

Sommerliche Gemüse-Okroschka

*Okroschka
owoschtschnaja letnjaja*

2 Steckrüben
2 frische Gemüsegurken
1 große gekochte Kartoffel
2 Salzgurken (siehe Rezept)
1 Tasse gehackter
  Schnittlauch
2 EL gehackter frischer Dill
1 TL gehackte frische
  Petersilie
1 EL scharfer Senf
½ TL schwarzer Pfeffer
1 l Kwas (siehe Rezept)
100 ml Salzgurkenlake
  (siehe Rezept »Salzgurken«)
3 hartgekochte Eier
saure Sahne
Salz

◆ Die Steckrüben, die Gemüsegurken sowie die gekochte Kartoffel schälen und in Würfel schneiden. Die Salzgurken würfeln und mit dem Schnittlauch, dem Dill und der Petersilie zum Gemüse geben. Mit dem Senf, dem Pfeffer und Salz würzen. 30 Minuten ziehen lassen.

Den kalten Kwas und die Salzgurkenlake hinzugießen. Die hartgekochten Eier hacken und mit etwas saurer Sahne vor dem Servieren in die Suppe mischen.

◆ Die Möhre, die Steckrübe und die Kartoffel kochen und in Würfel von 5 mm Durchmesser schneiden. Die Gurken, den Apfel und die Pilze ebenfalls in kleine Würfel schneiden. Die Schalotten, den Dill und den Stangensellerie oder Kerbel hinzufügen. Alles gut vermischen. Die Gurkenlake hinzugießen. 20 bis 30 Minuten ziehen lassen.

Den Kwas zugießen, den Senf zugeben, pfeffern, salzen und umrühren. Vor dem Servieren die gehackten Eier unterrühren.

Variante

◆ Die Gemüse-Okroschka um etwa 100 g gewürfeltes gekochtes Rindfleisch ergänzen.

Herbstliche Gemüse-Okroschka
Okroschka owoschtschnaja osennjaja

1 Möhre
1 Steckrübe
1 mittelgroße Kartoffel
1½ frische Gemüsegurken
1 Apfel
1 Tasse gehackte Salzpilze
    (siehe Rezepte)
1 Tasse gehackte Schalotten
1 EL gehackter frischer Dill
1 EL gehackter
    Stangensellerie
    oder frischer Kerbel
200 ml Salzgurkenlake
    (siehe Rezept »Salzgurken«)
1¼ l Kwas (siehe Rezepte)
1 TL scharfer Senf
½ TL schwarzer Pfeffer
2 hartgekochte Eier
Salz

Fleisch-Okroschka
Okroschka mjasnaja

Heiße Suppen
Schtschi

Die seit über tausend Jahren unter dem Sammelnamen *Schtschi* bekannten Suppen sind auch heute noch die wichtigsten der heißen russischen Suppen. Sie überdauerten alle Zeiten und Epochen, gehörten auf jeden Tisch, den der Armen wie den der Reichen, wurden von Region zu Region variiert, blieben aber in ihrer Grundform unverändert. Der *Schtschi* wird man nicht überdrüssig: Wer einmal auf den Geschmack gekommen ist, kann sie täglich essen.

Natürlich waren *Schtschi* nicht für alle immer gleich: Man unterschied gehaltvolle, »reiche« *Schtschi* und dünnere, »leere«, welche manchmal nur aus Kohl und Zwiebeln gekocht wurden. Von größter Bedeutung für das besondere Aroma und den unwiederbringlichen Geschmack der *Schtschi*-Suppen war die Tatsache, daß sie im russischen Ofen zubereitet und warmgehalten wurden. Daher rührte auch der stets gegenwärtige, typische Geruch eines russischen Bauernhauses, »der Geist von *Schtschi*« *(schtschanoj duch)*.

Schtschi bestehen auf jeden Fall zumindest aus Weißkohl oder Sauerkraut als Hauptgemüse und einer sauren Zutat (saure Sahne, Saueräpfel, Krautsalzlake). Weitere Ingredienzien sind Fleisch, Pilze (getrocknet oder gesalzen, aber auf keinen Fall mariniert), Wurzeln (Möhren, Kartoffeln und Petersilienwurzeln) sowie Kräuter und Gewürze (Zwiebel, Sellerie, Knoblauch, Dill, Lorbeerblatt, schwarze Pfefferkörner).

Wenn auch meistens frischer oder gesäuerter Kohl den Hauptbestandteil bildet, sind *Schtschi* mitnichten bloße Kohlsuppen; das Wichtigste ist die Säure, die Salzlake, Sauerkraut oder Sauerampfer, wilder Apfel, Salzpilze sowie saure Sahne liefern. Deshalb man kann bei *Schtschi* den Kohl durch verschiedene Blattgemüse wie Brennessel, Sauerampfer oder Bärenklau ersetzen beziehungsweise »neutrale« Gemüse wie Rüben oder Rettich verwenden.

Grundsätzlich werden alle *Schtschi* auf dieselbe Weise zubereitet. Man kocht zunächst das

Fleisch oder die Pilze zusammen mit den Wurzeln und den Zwiebeln. Dann werden der Kohl oder ein Ersatzgemüse und die Säurekomponente der Brühe beigefügt. Nimmt man allerdings Sauerkraut, wird es getrennt vom Fleisch gekocht. Nachdem das Gemüse gar ist, wird gesalzen und gewürzt. Die saure Sahne reicht man in einem Becher gesondert zur Suppe, jeder bedient sich nach Geschmack.

Früher kochte man *Schtschi* nur kurz und ließ sie dann im russischen Ofen »kommen«. Vor allem *Schtschi* aus Sauerkraut brauchen Zeit zum Ziehen. Der Geschmack bildet sich richtig heraus, wenn man die *Schtschi* zwölf bis 24 Stunden stehen läßt. Solche *Schtschi* werden *Schtschi sutotschnyje*, »Tages-*Schtschi*«, genannt. *Schtschi* können in einer sämigen oder einer flüssigen Konsistenz gekocht werden.

Früher betrachtete man eine dicke, reichhaltige Suppe als ideal; der Löffel sollte darin stehen können. Bei den im folgenden beschriebenen Suppen handelt es sich um dicke *Schtschi*, das heißt pro Portion sollte nicht mehr als ⅓ Liter Flüssigkeit anfallen. Da während des Kochens ein Teil der Flüssigkeit verdampft, rechnet man mit ½ Liter Wasser pro Portion zu Beginn des Kochens.

Schtschi werden insgesamt zwei Stunden gekocht, die Gewürze gibt man allerdings erst wenige Minuten vor Ende der Kochzeit hinzu.

Je weniger Zutaten man verwendet, desto schwieriger gestaltet sich die Zubereitung. Entscheidend für das Aroma ist, wie die Zwiebeln verarbeitet werden. Man fügt sie vorzugsweise zweimal hinzu: Das erste Mal im ganzen, zusammen mit dem Fleisch, den Möhren, der Petersilienwurzel und den Pilzen; man nimmt sie jedoch später wieder heraus. Die zweite Zwiebel wird gehackt und gleichzeitig mit dem Kohl in die Suppe gegeben.

Auch andere Gewürze (Petersilie und Sellerie) werden den *Schtschi* in zwei Arbeitsgängen hinzugefügt: zunächst die Knolle mit dem anderen

Gemüse, das die Grundbestandteile der Brühe bildet, die später durchgeseiht wird; das gehackte Grün jedoch erst am Ende der Kochzeit.

Die übrigen Gewürze (Pfefferkörner, Dill, Lorbeerblatt, Knoblauch) fügt man wie folgt zu: Lorbeerblatt und zerdrückte Pfefferkörner 15 Minuten vor Ende der Kochzeit; gehackter frischer Dill und Petersilie sowie Knoblauch zum Schluß. Da die Knoblauchzehen im Ganzen beigegeben werden, kann man sie vor dem Servieren nach Wunsch wieder entfernen.

Schtschi müssen unbedingt 15 Minuten zugedeckt ziehen. Gerade in dieser Zeit entwickeln sich der Geschmack und das Aroma. Das Kraut wird weich, und das Gemüse nimmt die Säure auf.

Wichtig ist die Wahl des Fleisches: Man verwendet in der Regel fettes Rindfleisch (Bruststück, Rückenstück, Mittelrippenstück). Selten wird, um einen kräftigeren Duft zu erzielen, etwas Schinken zugefügt (ein Achtel des Fleischgewichts), dies aber überwiegend nur in den südlichen Regionen.

»Reiche« Fleisch-Schtschi
Schtschi bogatyje (polnyje)

750 g Rindfleisch
2½ l kochendes Wasser
1 Möhre
1 Petersilienwurzel mit Grün
1 Sellerieknolle mit Grün
2 Zwiebeln
500-750 g Sauerkraut
   (siehe Rezept)
1 EL Butterschmalz
1 große Kartoffel
1 EL getrocknete Steinpilze
1 weiße Rübe
2-3 Lorbeerblätter

◆ Das Fleisch in heißes Wasser geben, kurz aufkochen, das Wasser abgießen und 2 l kochendes Wasser nachfüllen. Die Möhre, die Petersilienwurzel und die Sellerieknolle zerteilen, jeweils eine Hälfte ohne Grün sowie eine Zwiebel hinzugeben und 90 Minuten kochen. Nach 60 Minuten salzen. Schließlich das Fleisch herausnehmen, das Gemüse und die Zwiebel entfernen. Die Brühe durchseihen und das Fleisch in die Brühe zurückgeben.

Das Sauerkraut in einen Tontopf geben, ½ l kochendes Wasser hinzugießen und das Butterschmalz zugeben. Den Topf mit einem Deckel schließen und in den auf 200° vorgeheizten Backofen stellen. Das Kraut ist gar, wenn es weich geworden ist. Der Fleischbrühe mit dem Fleisch zufügen.

Die Kartoffel vierteln, mit den Steinpilzen und 2 Glas kaltem Wasser in ein Emaillegefäß geben und aufkochen. Die Steinpilze herausnehmen, kleinschneiden, in das Gefäß zurückgeben und weiterkochen. Wenn die Kartoffel und die Steinpilze gar sind, der Brühe hinzufügen.

Die andere Zwiebel hacken, die zweite Hälfte der Möhre, der Sellerieknolle, der Petersilienwurzel sowie die Rübe fein würfeln und zur Suppe geben. Mit den Lorbeerblättern, dem Majoran, dem gehackten Petersilien- und Selleriegrün sowie den zerdrückten Pfefferkörnern würzen, mit Salz abschmecken und weitere 20 Minuten kochen.

Vom Herd nehmen, den Dill und den Knoblauch beifügen und 15 Minuten zugedeckt stehen lassen.

Die Salzpilze grob schneiden, zusammen mit der sauren Sahne und 1 EL Sahne pro Portion auf Teller verteilen, nun den Schtschi-Topf auftragen. Das Fleisch wird bei Tisch zerteilt.

1 TL Majoran
6-8 schwarze Pfefferkörner
1 EL gehackter frischer Dill
4-5 Knoblauchzehen
½ Tasse Salzpilze
  (siehe Rezepte)
100 g saure Sahne
Sahne
Salz

Bemerkung
Wenn möglich, fettes Rindfleisch (Bruststück, Rückenstück, Mittelrippenstück) nehmen.

Variante
100 g Rindfleisch durch 100 g Schinken ersetzen.

Beilagen
saure Sahne, Roggenbrot

Gemischte Schtschi
Schtschi sbornyje

300 g Rindfleisch
200 g Hammelfleisch
100 g Entenfleisch
100 g Hühnerfleisch
100 g Schinken
2½ l kochendes Wasser
1 Möhre
1 Petersilienwurzel mit Grün
1 Sellerieknolle mit Grün
2 Zwiebeln
500 g Sauerkraut
1 weiße Rübe
3 Lorbeerblätter
Majoran
10 schwarze Pfefferkörner
3-4 Knoblauchzehen
100 g saure Sahne
Salz

◆ Das Fleisch und den Schinken am Stück in heißes Wasser geben, kurz aufkochen, das Wasser abgießen und 2 l kochendes Wasser nachfüllen. Die Möhre, die Petersilienwurzel und die Sellerieknolle zerteilen, jeweils eine Hälfte ohne Grün sowie eine Zwiebel hinzugeben und 90 Minuten kochen. Nach 60 Minuten salzen. Schließlich das Fleisch herausnehmen und in große Stücke zerteilen. Das Gemüse entfernen. Die Brühe durchseihen und das Fleisch in die Brühe zurückgeben.

Das Sauerkraut in einen Tontopf geben und ½ l kochendes Wasser zugießen. Den Topf mit einem Deckel schließen und in den auf 200° vorgeheizten Backofen stellen. Das Kraut ist gar, wenn es weich geworden ist. Der Fleischbrühe und dem Fleisch hinzufügen.

Die zweite Zwiebel hacken, den Rest der Möhre und der Petersilienwurzel sowie die Rübe würfeln und zur Suppe geben. Mit den Lorbeerblättern, dem Majoran, dem gehackten Petersilien- und Selleriegrün sowie den zerdrückten Pfefferkörnern würzen, mit Salz abschmecken und weitere 10 Minuten kochen.

Vom Herd nehmen, den Knoblauch beifügen und 10 bis 15 Minuten zugedeckt stehen lassen. Die saure Sahne auf Teller verteilen, nun den Schtschi-Topf auftragen.

Beilagen
saure Sahne, Roggenbrot

Einer verwitweten Bäuerin war der einzige Sohn gestorben, zwanzigjährig und der beste Arbeiter im Dorf. Die Gutsherrin, der das Dorf gehörte, erfuhr vom Kummer der alten Frau und besuchte sie am Tag der Beerdigung. Sie traf sie zu Hause an.

Schtschi

Sie stand in der Stube vor dem Tisch und schöpfte ohne Hast mit gleichmäßigen Bewegungen der rechten Hand (die linke hing schlaff herab) Kohlsuppe aus einem verrußten Topf und schlürfte die »leere« Schtschi, Löffel für Löffel. Das Gesicht der alten Frau war abgehärmt, die Augen rot und geschwollen. Aber sie hielt sich gerade und aufrecht, wie in der Kirche.

»Mein Gott!« dachte die Gutsherrin. »In einem solchen Augenblick kann sie essen! Wie roh sind doch all diese Menschen!« Und sie erinnerte sich, wie sie nach dem Tode ihres neun Monate alten Töchterchens vor Kummer darauf verzichtet hatte, ein sehr schönes Landhaus in der Nähe von Petersburg zu mieten, und wie sie den ganzen Sommer in der Stadt zugebracht hatte. Doch die Alte löffelte weiter die Kohlsuppe.

Schließlich verlor die Herrin die Geduld.

»Tatjana!« sagte sie. »Ich bitte dich! Ich wundere mich! Hast du deinen Sohn denn nicht geliebt? Und dir ist nicht einmal der Appetit vergangen? Wie kannst du diese Schtschi essen?«

»Mein Wassja ist tot«, erwiderte die alte Frau leise, und von neuem liefen Tränen über die eingefallenen Wangen. »Das ist auch mein Ende; bei lebendigem Leib hat man mir den Kopf abgerissen. Aber deshalb kann ich die Schtschi nicht verkommen lassen: sie ist doch gesalzen.«

Die Gutsherrin zuckte nur mit den Achseln und ging davon.

Für sie war Salz ja billig.

Iwan Turgenjew, Mai 1878

Saure Schtschi aus frischem Weißkohl
Schtschi kislyje
iz sweshej kapusty

500-700 g Rinderbrust
2 l kochendes Wasser
500-750 g Weißkohl
2 gehackte Zwiebeln
½ weiße Rübe
3 Lorbeerblätter
8 schwarze Pfefferkörner
6-8 kleine grüne Äpfel
2 EL gehackter frischer Dill
100 g saure Sahne
Salz

◆ Das Fleisch in heißes Wasser geben, kurz aufkochen, das Wasser abgießen und das kochende Wasser nachfüllen. 90 Minuten kochen.
Ist das Fleisch fast gar, es in Stücke zerteilen. Den in 1 cm breite Streifen geschnittenen Kohl, die Zwiebeln sowie die gewürfelte Rübe mit den Lorbeerblättern und den zerdrückten Pfefferkörnern hinzugeben. Salzen und kochen.
Nach 15 Minuten die in Scheiben geschnittenen Äpfel beifügen.
Weitere 5 Minuten später den Dill einstreuen und köcheln, bis die Äpfel zerkocht sind. Vor dem Servieren 1 EL saure Sahne pro Portion auf Teller verteilen.

Beilage
Roggenbrot

Brennessel-Schtschi
(Frühlingsvariante)
Schtschi krapiwnyje

1 Kartoffel
1 Petersilienwurzel
1 Sellerieknolle
1 gehackte Zwiebel
2 EL Buchweizenkörner
1 EL Reis
1¼ l kochendes Wasser
    oder Fleischbrühe
700 g Brennesselblätter
    (je nur die oberen 3-4)
8 schwarze Pfefferkörner
4 Knoblauchzehen
1 TL Zitronensaft
1 EL gehackter frischer Dill
100 g saure Sahne
2 hartgekochte Eier
Salz

◆ Die Kartoffel, die Petersilienwurzel, die geviertelte Sellerieknolle, die Zwiebel, die Buchweizenkörner und den Reis in das kochende Wasser oder die Fleischbrühe geben und gar kochen.
Die Brennesselblätter vom Stiel abtrennen, mehrfach in kaltem Wasser waschen und mit siedendem Salzwasser überbrühen. Kurz in einem Sieb abtropfen lassen (die Blätter dürfen keinen Saft verlieren) und sofort kleinschneiden. Der Suppe beifügen, mit den zerdrückten Pfefferkörnern würzen, mit etwas Salz abschmecken und 13 Minuten darin kochen.
Die Schtschi vom Herd nehmen, den Knoblauch, den Zitronensaft und den Dill zugeben und 15 Minuten ziehen lassen.
Mit der sauren Sahne und den geviertelten Eiern servieren.

Beilage
Roggenbrot

Pochljobki nennt man heiße Suppen, die aus einem kräftigen Gemüsesud ohne Fleisch bestehen. Sie werden vor allem aus knackig-zarten Gemüsen wie Zwiebeln, Linsen und weißen Rüben gekocht, die keine langen Garzeiten benötigen und ein feines Eigenaroma besitzen. Keine Verwendung finden bei diesen Suppen Bohnen, Rote Bete oder Sauerkraut. Neben den Zwiebeln spielen als Gewürze gehacktes Petersilien- und Selleriegrün, Dill sowie Knoblauch eine wichtige Rolle. Je nach *Pochljobka*-Art können sie unterschiedlich kombiniert werden.

Pochljobki muß man äußerst behutsam salzen: Suppen aus Kartoffeln zu Beginn der Kochzeit, solche aus Linsen danach, die übrigen während des Garens.

Gemüse für die *Pochljobki* wird stets ins kochende Wasser gegeben. Man sollte es unbedingt sorgfältig putzen und säubern, damit kein Erdgeruch und -geschmack in die Suppe eingeht und das Gemüse sein Aroma voll entfaltet. Die Reihenfolge, in der man das Gemüse zugibt, sowie die Garzeiten sind zu beachten: Allzu langes Kochen führt zur Eintrübung der Brühe und zu Aromaverlust.

Pochljobki werden ohne Fett zubereitet, sind immer durchsichtig und haben ihre jeweils eigene Färbung. Man ißt sie frisch und heiß mit schwarzem Roggenbrot, läßt sie weder lange stehen, noch wärmt man sie auf.

Pochljobki

Zwiebel-Pochljobka
Pochljobka lukowaja

1 Petersilienwurzel
1 Sellerieknolle
1¼ l kochendes Wasser
4-6 Zwiebeln
1 Stange Porree
4-6 schwarze Pfefferkörner
1 EL gehackter frischer Dill
Salz

◆ Die Petersilienwurzel und die Sellerieknolle in Scheiben schneiden und in das kochende Wasser geben. 30 Minuten köcheln.
Die Zwiebeln und den Porree sehr fein würfeln. Etwas Salz in einem Porzellangefäß verteilen, das Gemüse darin hin- und herwenden und in die köchelnde Brühe geben. Die zerdrückten Pfefferkörner hinzufügen und weitergaren, bis sich die Zwiebeln auflösen und die Brühe grün geworden ist. Den Dill hineinstreuen, salzen.
3 Minuten später vom Herd nehmen, zudecken und 5 Minuten ziehen lassen.

Kartoffel-Pochljobka
Pochljobka kartofelnaja

5-6 Kartoffeln
1 Zwiebel
1½ l kochendes Wasser
3 Lorbeerblätter
½ Knoblauchknolle
6-8 schwarze Pfefferkörner
1 EL gehackte frische
   Petersilie
1 EL gehackter frischer Dill
Salz

◆ Die Kartoffeln würfeln, die Zwiebel hacken. In das kochende, gesalzene Wasser geben und kochen, bis die Kartoffeln beinahe gar sind.
Die Lorbeerblätter, die geschälten Knoblauchzehen und die zerdrückten Pfefferkörner zugeben und 3 Minuten mitkochen. Die Petersilie und den Dill hinzufügen, zudecken und noch 2 Minuten köcheln.

Ucha bezeichnet heutzutage ein flüssiges, heißes Fischgericht, aber keine Fischsuppe. Im 11. bis 12. Jahrhundert bezeichnete *Ucha* eine Fleisch-, im 16. bis 17. Jahrhundert eine Hühnerbrühe. Seit dem 15. Jahrhundert kochte man die *Ucha* jedoch immer häufiger mit Fisch. So entwickelte sich ein Fischgericht aus klarer Brühe ohne schwere Zutaten wie Getreidekörner, Butter usw. *Ucha* wird gewöhnlich nicht aus einer, sondern aus zwei bis vier Fischsorten gekocht. Bevorzugt sollte dabei magerer Fisch (Eisfisch, Kabeljau) mit fettem Fisch (Heilbutt, Seebarsch) kombiniert werden. Viele der traditionellen Fischsorten sind allerdings mittlerweile auch in Rußland selten geworden bzw. kaum noch zu kaufen, ihre Aufzählung entfällt daher an dieser Stelle.

Die klassische russische *Ucha*, auch »weiße« *Ucha* genannt, kocht man aus Fischen, die eine klare Brühe ergeben und sich durch Klebrigkeit, Zartheit und »Süße« auszeichnen: Zander, Barsch, Kaulbarsch. In der Regel werden außerdem zu einem Drittel Aalrutte, Wels oder Schleie hinzugefügt. Daneben gibt es die sogenannte »schwarze« *Ucha* aus Karpfen, Karausche, Rötling. Die besonders fette »rote« oder »Bernstein«-*Ucha* wird aus Stör, Hausen oder Lachs zubereitet und mit Safran gewürzt.

Seefische eignen sich für *Ucha* ebenfalls, beispielsweise Kabeljau, Heilbutt, Köhler, Eisfisch, Seebarsch. Nicht geeignet hingegen sind Plötze, Brachse, Gründling, Uckelei, Aal, alle Heringsarten, Makrelen und Stichlinge.

Je frischer der Fisch, desto schmackhafter die *Ucha*. Das gilt auch für Seefische, weshalb gefrorene Fische vor der Zugabe in die *Ucha* nicht aufgetaut werden sollten. Jüngere und kleinere Fische sowie das weniger verderbliche Schwanzstück sind vorzuziehen.

Die *Ucha* entwickelt einen intensiveren Geschmack, wenn sie im offenen, nichtoxydierenden Topf (emailliert oder aus Ton) bei reduzierter Hitze gekocht wird. Die Kochdauer der *Ucha* hängt von der Fischart ab: Süßwasserfisch

Ucha

wird 15 bis 20 Minuten gegart, Seefisch 8 bis 12 Minuten, doch keinesfalls länger, sonst wird er zäh, die Brühe weniger süß und weniger aromatisch.

Die Russen essen als Beilagen zur *Ucha* Schwarzbrot, Fisch-*Kulebjaki* oder *Pirogi* mit Störrücken, Sago, Reis und Eiern, Zwiebeln oder Fisch gefüllt.

Man nimmt wenig Gemüse: Kartoffeln (am besten süßliche Sorten), Möhren, Porree, unbedingt Zwiebeln. Außerdem verwendet man viele Gewürze: Schalotten, Dill, Pastinake oder Petersilienwurzel und -grün, schwarzen Pfeffer, Estragon, Lorbeerblatt; manchmal Muskatnuß, Safran, Ingwer, Fenchel, Anis. Die Faustregel lautet: Je fetter der Fisch, desto mehr Gewürze.

Sehr wichtig bei der Zubereitung einer echten *Ucha* ist die Beachtung aller Kochvorschriften. Zuerst wird die Brühe zubereitet: kochender, gesalzener Gemüsesud, in den man den Fisch für kurze Zeit (7 bis 20 Minuten) gibt. Er darf nicht zerkochen, sondern muß im Sud ziehen, damit er schmackhaft und saftig bleibt. Ursprünglich kochte man zuerst eine Brühe aus kleinen Fischen, Köpfen und Gräten, die dann herausgenommen wurden; man seihte die Brühe durch und klärte sie mit Eischnee. Erst danach wurden in diese Brühe große Fischstücke getaucht und gegart.

Am Ende der Garzeit muß sich das Fischfleisch leicht von den Gräten lösen, die Brühe sollte klar und sehr aromatisch, das Fischfleisch ganz weiß sein. Keinesfalls darf ein starker Fischgeruch entstehen.

◆ Die Köpfe, Schwänze und Gräten von den Fischen abtrennen, in das kochende, gesalzene Wasser geben und 20 bis 30 Minuten bei mäßiger Hitze kochen. Die Brühe durchseihen.

Die Kartoffeln würfeln, die Möhre und die Petersilienwurzel in Scheiben schneiden, mitsamt den Zwiebeln der Brühe beifügen und weitere 10 bis 15 Minuten köcheln, bis die Kartoffeln halb gar sind.

Den restlichen Fisch in große Stücke schneiden, in die Brühe geben und 10 Minuten ziehen lassen.

Den Fisch herausnehmen. Das Mehl mit dem Ei verschlagen und den Fisch darin wenden. In einer Pfanne etwas Butter zerlaufen lassen, den Fisch darin leicht braten (im Russischen wird hier der Begriff für »backen« benutzt) und zur Seite stellen.

Den Porree zur Hälfte in Ringe schneiden und in den Sud geben. Mit den Lorbeerblättern, den zerdrückten Pfefferkörnern und dem Safran würzen. Köcheln. Wenn nötig, nachsalzen.

Den Fisch wieder in die kochende Fischbrühe geben, 3 bis 5 Minuten ziehen lassen.

Den restlichen Porree in feine Streifen schneiden und zusammen mit dem Dill in die Brühe geben. 1 Minute köcheln, den Topf vom Herd nehmen, die Zitronenscheiben hineingeben und die Brühe ziehen lassen.

Variante
Den Fisch, das Gemüse und die Gewürze in einen Tontopf geben, mit 1750 ml kochendem Wasser auffüllen, zudecken, 15 Minuten in den vorgeheizten Backofen stellen. Beginnt die Ucha zu kochen, aus dem Ofen nehmen, 1 EL Butter und 1 bis 2 gut verquirlte Eier hinzufügen. Alles erneut in den Ofen stellen und überbacken.

Gebackene Ucha
Ucha opekannaja

500 g Heilbutt
500 g Kabeljau
500 g Seebarsch
1750 ml kochendes Wasser
3 Kartoffeln
½ Möhre
1 Petersilienwurzel
2 gehackte Zwiebeln
1 TL Mehl
1 Ei
Butter
1 Stange Porree
4 Lorbeerblätter
12 schwarze Pfefferkörner
4-5 Fäden Safran
2 El gehackter frischer Dill
4 Zitronenscheiben
Salz

Einfache Ucha aus Flußfischen
Ucha rjadowaja iz retschnoj ryby

1,5 kg Flußfische
2 Kartoffeln
2 Zwiebeln
½ Möhre
1 Pastinake
1 Petersilienwurzel mit Grün
1750 ml kochendes Wasser
3 Lorbeerblätter
7-8 schwarze Pfefferkörner
1 EL gehackter frischer Dill
1 EL gehackter frischer
　Estragon
Salz

◆ Die Fischköpfe und -schwänze abschneiden und zur Seite legen. Die Kartoffeln schälen und vierteln. Die Zwiebeln hacken, die Möhre, die Pastinake und die Petersilienwurzel ohne Grün in Scheiben schneiden. Mit den Köpfen und Schwänzen der Fische in das kochende, gesalzene Wasser geben und bei mäßiger Hitze 20 Minuten kochen. Den Schaum abschöpfen, den Fisch herausnehmen und die Brühe durchseihen. Die Lorbeerblätter und die zerdrückten Pfefferkörner beifügen, weitere 5 Minuten kochen.
Die Fische ausnehmen und säubern, in 4 bis 5 cm große Stücke schneiden und in den Sud geben. Weitere 15 bis 17 Minuten köcheln.
Das gehackte Petersiliengrün, den Dill und den Estragon beifügen, mit Salz abschmecken, die Brühe vom Herd nehmen und 6 bis 8 Minuten zugedeckt stehen lassen.

Bemerkung
Die Pastinake kann man nötigenfalls weglassen und statt dessen 2 Petersilienwurzeln nehmen.

Einfache Ucha aus Seefischen
Ucha rjadowaja iz morskoj ryby

1250 g Fisch (z. B. Heilbutt, Kabeljau, Seebarsch)
3 Kartoffeln
½ Möhre
1 Petersilienwurzel
2 gehackte Zwiebeln
1750 ml kochendes Wasser
1 Stange Porree
4 Lorbeerblätter
12 schwarze Pfefferkörner
4-5 Fäden Safran
2 El gehackter frischer Dill
4 Zitronenscheiben
Salz

◆ Den Fisch in große Portionsstücke teilen.
Die Kartoffeln würfeln, die Möhre und die Petersilienwurzel in Scheiben schneiden. Mit den Zwiebeln sowie den Köpfen und Schwänzen in das kochende, gesalzene Wasser geben, bei mäßiger Hitze 10 bis 15 Minuten kochen, bis die Kartoffeln halb gar sind.
Den Porree zur Hälfte in Ringe schneiden und in die Gemüsebrühe geben. Mit den Lorbeerblättern, den zerdrückten Pfefferkörnern und dem Safran würzen und salzen. Köcheln.
Nach 3 Minuten die Fischstücke dazugeben und weitere 8 Minuten ziehen lassen. Wenn nötig, nachsalzen.
Den restlichen Porree in feine Streifen schneiden und zusammen mit dem Dill in die Brühe geben. 1 Minute köcheln, den Topf vom Herd nehmen, die Zitronenscheiben hineingeben und die Brühe ziehen lassen.

Variante

◆ Statt der Seefische Süßwasserfische wählen.
Die Kochzeit verdoppelt sich entsprechend. Außerdem eine ganze Möhre verwenden. Zusätzlich kann man ein Mullsäckchen mit 1 TL Anis-
oder Fenchelsamen in die Brühe hängen, 5 bis
7 Minuten mitköcheln und dann herausnehmen.

Süße Ucha
Ucha sladkaja

Rassolnik ist eine heiße Suppe auf salzig-saurer
Gurkenbasis. Dieses Gericht hat sich in der russischen Küche erst recht spät, nämlich in der Mitte
des 19. Jahrhunderts, durchgesetzt.

Rassolnik

 Rassolnik besteht außer aus Salzgurken aus
Kartoffeln und Wurzeln, Graupen und Reis, aus
vielen Kräutern, Würzgemüsen und Gewürzen.
Als Fleischeinlage nimmt man gewöhnlich
Innereien. Dabei ist darauf zu achten, die diver-
sen Getreidekornarten auf das jeweilige Fleisch
abzustimmen: Für *Rassolnik* mit Nieren und
Rindfleisch werden Perlgraupen, zu Enten- und
Gänseklein Gerstengraupen, zu Puten- und
Hühnerklein wird Reis genommen. Vegetarische
Rassolnik enthalten Reis oder Buchweizenkörner.
 Damit *Rassolnik* einen zarten, leicht sauren
und nicht zu salzigen Geschmack bekommt,
muß das Verhältnis zwischen dem Salzanteil
(Gurken) und den neutralen Zutaten (Graupen,
Kartoffeln, Wurzeln – je ½ Tasse auf 1½ Liter
Suppe) sorgfältig beachtet werden. Deshalb wird
die reine Salzgurkenlake nur selten und in klei-
nen Mengen beigegeben, und das nur, wenn die
Gurken selbst nicht salzig genug sind. In diesem
Fall sollte die Gurkenlake vor dem Hinzufügen
zur Suppe aufgekocht werden.
 Zur *Rassolnik* reicht man saure Sahne.

Fleisch-Rassolnik
Rassolnik mjasnoj

9 Stunden vorher beginnen

250-300 g Schweins- oder
   Kalbsnieren
2 EL Perlgraupen
kochendes Wasser
3 Salzgurken (siehe Rezept)
1 Möhre
1 Sellerieknolle mit Grün
1 Petersilienwurzel mit Grün
2-3 Kartoffeln
1 gehackte Zwiebel
3 Lorbeerblätter
6 schwarze Pfefferkörner
2 Pimentkörner
1 EL gehackter frischer Dill
100 g saure Sahne
Salz

◆ Zunächst die Nieren vorbereiten. Dazu die Häutchen und das Fett von den Nieren entfernen. Sechs bis acht Stunden wässern, dabei das Wasser mehrfach wechseln. Dann die Nieren 20 bis 30 Minuten kochen, herausnehmen und in kleine Scheiben schneiden.

Die Perlgraupen mit kaltem Wasser waschen. In einen Topf geben, mit reichlich kochendem Wasser übergießen. 30 bis 45 Minuten ziehen lassen, dabei das Wasser mehrmals durch frisches, kochendes Wasser ersetzen.

Die Salzgurken schälen. Die Schalen in einen Topf legen, mit 1 bis 1½ Tassen kochendem Wasser übergießen und bei mäßiger Hitze 10 bis 20 Minuten kochen. Die Schalen herausnehmen. Die Salzgurken längs in vier Teile und quer in kleine Stücke schneiden und in die Gurkenbrühe geben. 10 Minuten ziehen lassen. Die Gurkenbrühe zur Seite stellen.

Die vorbereiteten Nieren in 1½ l siedendes Wasser geben und etwa 30 Minuten kochen. Die Möhre, die Sellerieknolle ohne Grün und die Petersilienwurzel ohne Grün in Scheiben schneiden und mit den vorbereiteten Graupen zu den Nieren geben. Die Kartoffeln würfeln und mitsamt der Zwiebel nach weiteren 10 Minuten Kochzeit hinzufügen. Bei mäßiger Hitze köcheln, bis die Kartoffeln gar sind.

Die Gurkenstücke beigeben, nach Geschmack von der Gurkenbrühe hinzugießen beziehungsweise salzen, mit den Lorbeerblättern, den zerdrückten Pfeffer- und Pimentkörnern würzen und weitere 10 bis 15 Minuten kochen. Wenn die Nieren gar sind, den Dill sowie das gehackte Petersilien- und Selleriegrün beifügen und noch 3 Minuten kochen.

Mit saurer Sahne servieren.

◆ 1½ l Wasser zum Kochen bringen. Die Kartoffel und die Sellerieknolle ohne Grün würfeln, die Möhre, die Rübe, die Petersilienwurzel ohne Grün sowie die Pastinake ohne Grün in Scheiben schneiden, zusammen mit den Buchweizenkörnern in das Wasser geben und 30 bis 45 Minuten kochen.

Die Salzgurken schälen. Die Schalen in einen Topf geben, mit 1 bis 1½ Tassen kochendem Wasser übergießen und bei mäßiger Hitze 10 bis 20 Minuten kochen. Die Schalen herausnehmen. Die Salzgurken längs in vier Teile und quer in kleine Stücke schneiden und in die Gurkenbrühe geben. Weitere 10 Minuten ziehen lassen.

Den Porree in Ringe schneiden und mit den Zwiebeln in etwas Butter andünsten. Mit den Gurkenstücken der Suppe beifügen, nach Geschmack von der Gurkenbrühe zugießen oder salzen, mit den Lorbeerblättern und den zerdrückten Pfefferkörnern würzen; weitere 10 bis 15 Minuten kochen. Das gehackte Sellerie-, Petersilien- und Pastinakengrün, den Dill und den Estragon in die Suppe streuen und noch 3 Minuten kochen. Mit saurer Sahne und Butterflöckchen servieren.

Bemerkung
Die Pastinake kann man nötigenfalls weglassen und statt dessen 2 Petersilienwurzeln nehmen.

Variante
Statt der Buchweizenkörner kann Reis genommen werden. Diesen erst nach 20 Minuten Kochzeit dem Gemüse zugeben.

Gemüse-Rassolnik
Rassolnik owoschtschnoj

1 Kartoffel
1 Sellerieknolle mit Grün
1 Möhre
1 weiße Rübe
1 Petersilienwurzel mit Grün
1 Pastinake mit Grün
3 EL Buchweizenkörner
3-4 Salzgurken (siehe Rezept)
1 Stange Porree
2 gehackte Zwiebeln
25 g Butter
2 Lorbeerblätter
8 schwarze Pfefferkörner
1 EL gehackter frischer Dill
½ EL gehackter frischer
  Estragon
100 g saure Sahne
Salz

Hühner-Rassolnik
Rassolnik kurinyj

300 g Hühnerklein
1 Petersilienwurzel mit Grün
1 Möhre
1 weiße Rübe
3 EL Reis
1 Stange Porree
1 gehackte Zwiebel
6-8 schwarze Pfefferkörner
2 Lorbeerblätter
4 Salzgurken (siehe Rezept)
2 EL gehackter frischer Dill
1 EL gehackter frischer
  Estragon
1 EL frisches Bohnenkraut
30 g Butter
2 Knoblauchzehen
Salz

◆ Das Hühnerklein sorgfältig waschen und in kleine Stücke schneiden. 1½ l Wasser zum Kochen bringen, das Hühnerklein hineingeben und etwa eine Stunde kochen. Die Petersilienwurzel ohne Grün, die Möhre und die Rübe in Scheiben schneiden und der Hühnerbrühe zufügen.

Nach 5 Minuten den gewaschenen Reis beigeben und halb gar kochen. Den Schaum von der Brühe abschöpfen.

Den Porree in Scheiben schneiden und mit der Zwiebel, den zerdrückten Pfefferkörnern und den Lorbeerblättern in die Brühe geben. Die Suppe weiterkochen, bis der Reis gar ist.

Die Salzgurken würfeln, der Suppe beigeben und 5 bis 7 Minuten mitkochen.

Das gehackte Petersiliengrün, den Dill, den Estragon und das Bohnenkraut in die Suppe streuen; weitere 3 Minuten kochen.

Anschließend den Topf vom Herd nehmen und die in Salz und der Butter zerriebenen Knoblauchzehen beigeben.

Soljanka

Soljanka heißt eine dickflüssige, scharfe Suppenart aus Kraut, saurer Sahne und Salzgurken. Verfeinert wird sie mit Oliven, Kapern, Zitronen, Tomaten, *Kwas* oder Salzpilzen, was der Suppe ihren charakteristischen sauer-salzigen Geschmack verleiht.

Man unterscheidet drei Arten der *Soljanka*, nämlich solche aus Fleisch, Fisch beziehungsweise Pilzen.

Die trockenen und die flüssigen Bestandteile der *Soljanka* werden stets getrennt voneinander vorbereitet und erst vor dem Servieren vermengt und kurz durchgewärmt; so entfaltet sich das Aroma am besten.

◆ Die Gurkenlake kochen, solange sie schäumt. Den Schaum abschöpfen. Mit der Fleischbrühe zusammengießen und aufkochen.

Das Fleisch, den Schinken, die Würstchen und das Hühnerfilet in kleine Würfel schneiden. Die Salzpilze und den Kohl überbrühen und in Würfel beziehungsweise Streifen schneiden. Die Salzgurken und die Tomaten kleinschneiden.

Das Fleisch mit den Salzpilzen, den Weißkohlstreifen, den Salzgurken und den Tomaten vermischen. Die Zwiebel, die Schalotten, die Oliven, die Kapern, die Petersilie und den Dill hinzufügen; gut durchmengen. Mit den zerdrückten Pfeffer- und Pimentkörnern würzen, mit Salz abschmecken und mit der sauren Sahne verfeinern. In einen Ton- oder Emailletopf geben, mit der kochenden Brühe übergießen und 10 bis 15 Minuten in den auf 150° vorgeheizten Backofen stellen. Dabei nicht kochen.

Soljanka aus Fleisch
Soljanka mjasnaja

1-2 Tassen Salzgurkenlake
  (siehe Rezept »Salzgurken«)
1¼ l Fleisch- oder
  kräftige Knochenbrühe
200 g gekochtes Rindfleisch
200 g gebratenes Rindfleisch
100 g Schinken
100 g Bockwürstchen
200 g Hühnerfilet
1-1½ Tassen Salzpilze
  (siehe Rezepte)
200-250 g Weißkohl
kochendes Wasser
2 Salzgurken (siehe Rezept)
2 Tomaten
1 gehackte Zwiebel
2 EL gehackte Schalotten
10-12 Oliven
1-2 EL Kapern
1 EL gehackte frische
  Petersilie
1 EL gehackter frischer Dill
10 schwarze Pfefferkörner
2-3 Pimentkörner
100 g saure Sahne
Salz

Soljanka aus Fisch
Soljanka rybnaja

1¼ l Fischbrühe
200 ml Salzgurkenlake
  (siehe Rezept »Salzgurken«)
1 Möhre
1 Petersilienwurzel mit Grün
2 Tomaten
1 EL gehackte Schalotten
Butter
300 ml Salzpilze
  (siehe Rezepte)
2 Salzgurken (siehe Rezept)
500 g Fischfilet
250 g frischer Stör
250 g gekochter
  gesalzener Lachs
10-12 Flußkrebse (Fleisch)
2 gehackte Zwiebeln
2 EL Kapern
12 Oliven
2 EL gehackter frischer Dill
10 schwarze Pfefferkörner
4 Lorbeerblätter
½ Zitrone (Saft)
Salz

◆ Die Fischbrühe mit der Gurkenlake vermischen. Die Möhre in Stäbchen, die Petersilienwurzel in Scheiben schneiden und beides zur Brühe geben. Bei mäßiger Hitze aufkochen.
Die Tomaten kleinschneiden und mit den Schalotten in etwas Butter andünsten. Die Salzpilze überbrühen und würfeln, die Salzgurken ebenfalls in Würfel schneiden.
Die Fischfilets, den Stör, den Lachs und das Krebsfleisch in kleine Stücke zerteilen und mit den Tomaten, den Schalotten, den Salzpilzen und den Salzgurken vermengen. Mit den Zwiebeln, den Kapern, den Oliven, dem Dill, den zerdrückten Pfefferkörnern und den Lorbeerblättern würzen. In einen Ton- oder Emailletopf geben und mit der Fischbrühe übergießen. In den auf 150° bis 170° vorgeheizten Backofen stellen und 15 Minuten garen.
Vor dem Servieren den Zitronensaft in die Suppe geben.

Variante
Die Suppe kann auch auf den Herd gestellt und dort gegart werden.

Lapscha

Lapscha haben die Russen von den Tataren übernommen. Die Suppe fand mit einigen Veränderungen große Verbreitung. *Lapscha* ist eine Nudelsuppe mit Huhn, Pilzen oder Milch und äußerst einfach in der Zubereitung.

◆ Das Ei mit 175 g Mehl, dem Wasser und ½ TL Salz zu einem festen Teig kneten, in eine Serviette wickeln und 10 Minuten ruhen lassen. Möglichst dünn (bis 1 mm) ausrollen, mit dem restlichen Mehl bestäuben und zusammenrollen.
Die Teigrolle schräg in Streifen von 1 bis 2 mm Breite schneiden. Die Nudeln antrocknen lassen.

Variante
Das Weizenmehl kann durch 175 g Weizen- und 25 g Buchweizenmehl ersetzt werden. Dann benötigt man etwas mehr Wasser. Diese Art Nudeln passen gut zu Pilz- oder Milchbrühe.

◆ Die Hühnerbrühe zum Kochen bringen. Die Zwiebel, die Pfefferkörner, die Lorbeerblätter und den Safran hinzufügen und die Nudeln einstreuen. Bei mäßiger Hitze kochen, bis die Nudeln gar sind.
Anschließend den Dill, die Petersilie und die Knoblauchzehen zufügen und salzen.

◆ Die Anis- oder Koriandersamen in einem Mullsäckchen in das kochende Wasser hängen, 1 TL Salz hinzufügen, die Nudeln einstreuen und halb weichkochen.
Die Milch erhitzen. Die Nudeln aus dem Wasser nehmen, in einem Durchschlag abtropfen lassen, in die heiße Milch geben und garen.
Vor dem Anrichten mit der Sahne verfeinern. Nicht wieder aufkochen.

Nudeln für Lapscha

1 Ei
200 g Weizenmehl
Wasser (in 2-3 leeren
    Eierschalen abmessen)
Salz

Lapscha mit Huhn
Lapscha kurinaja

1½-2 l Hühnerbrühe
1 gehackte Zwiebel
6 schwarze Pfefferkörner
2 Lorbeerblätter
3-5 Fäden Safran
Nudeln für Lapscha
    (siehe Rezept)
2 El gehackter frischer Dill
1 EL gehackte frische
    Petersilie
4 gehackte Knoblauchzehen
Salz

Lapscha mit Milch
Lapscha molotschnaja

½ TL Anis- oder
    Koriandersamen
2 l kochendes Wasser
Nudeln für Lapscha
    (siehe Rezept)
1¼-1½ l Milch
100 g Sahne
Salz

Moderne Suppen

Die heutige russische Küche ist durch zahlreiche neue Suppen noch variantenreicher geworden: gebundene und klare sowie Milch- und süße Suppen.

Borschtsch

1 Rote Bete
etwa 3 l kochendes Wasser
300-500 g Rindfleisch (Brust)
250 g Weißkohl
1-2 Kartoffeln
1 Möhre
1 Petersilienwurzel
2-3 gehackte Zwiebeln
2 EL Butter
3-4 Tomaten
1 rote Paprikaschote
1 EL Tomatenmark
1 EL Zucker
1 EL gehackter frischer Dill
1 EL gehackte frische
  Petersilie
Salz

◆ Zunächst die Rote Bete ungeschält in einen Stahltopf oder einen alten Topf (er färbt sich dunkel) geben, mit etwa 1 l kochendem Wasser bedecken und 60 bis 90 Minuten bei mäßiger Hitze garen. In dem Kochwasser abkühlen lassen, schälen und grob raspeln.

Das Fleisch in 2 l kochendes Wasser geben und garen. Aus der Brühe herausnehmen, abkühlen lassen und in kleine Stücke schneiden.

Den Kohl in Streifen schneiden und in Wasser garen. Die Kartoffeln schälen und kochen. Die Möhre putzen, grob raspeln.

Die Rote Bete, die Möhre, die gewürfelte Petersilienwurzel und die Zwiebeln 10 bis 15 Minuten in der Butter dünsten.

Die gegarten Kartoffeln zerstampfen und dem Gemüse beifügen, das Kartoffelwasser zur Fleischbrühe gießen.

Die Tomaten und die Paprikaschote in kleine Stücke schneiden und mit dem Tomatenmark und dem Zucker zum Gemüse geben. Die heiße Fleischbrühe zugießen. Wenn nötig, siedendes Wasser hinzufügen. Den gegarten Kohl hineinstreuen, umrühren und bei mittlerer Hitze aufkochen.

Den Dill und die gehackte Petersilie hinzufügen, die Fleischstücke unterrühren. Salzen.

Den Topf vom Herd nehmen, mit einem Deckel fest verschließen und die Suppe mindestens 15 Minuten ziehen lassen.

Bemerkung
Borschtsch schmeckt besser, wenn er einen Tag steht.

Variante
Den Borschtsch ohne Fleisch zubereiten.

◆ Für die Füllung das Fleisch mit den Zwiebeln zweimal durch den Wolf drehen. Mit etwas Wasser, Pfeffer und Salz gut vermischen.
Für den Teig das Ei in das Mehl schlagen, ½ Tasse Wasser zugießen, salzen und zu einem ziemlich festen Teig kneten. Diesen dünn ausrollen und mit einem Glas Kreise ausstechen. Auf jeden Kreis ein Häufchen Füllung legen, halbmondförmig falten und die Ränder fest zusammendrücken. Die Pelmeni wenige Sekunden in heißem Wasser schwenken, um das Mehl abzuwaschen.
Vor dem Servieren die Pelmeni in die Fleischbrühe legen und kurz aufkochen. Mit Dill oder Petersilie nach Geschmack bestreuen.

Brühe mit Pelmeni
Buljon s pelmenjami

2 l Fleischbrühe
gehackter frischer Dill
    oder Petersilie

für die Einlage:
300-400 g Fleisch
    (halb Rind, halb Schwein)
1-2 gehackte Zwiebeln
1 Ei
250 g Mehl
Pfeffer
Salz

◆ Die Möhren, die Rote Bete und den Porree kleinschneiden. 10 bis 15 Minuten in 2 EL Butter dünsten. Mit 1 l Wasser ablöschen. Die Kartoffeln schälen, vierteln, mitsamt dem gewaschenen Reis hinzufügen und 30 bis 35 Minuten kochen. Das Gemüse pürieren, die heiße Milch dazugießen, salzen und mit der restlichen Butter vermengen.
Mit den gekochten Erbsen garnieren.

Beilage
Toast

Cremige Gemüsesuppe
Sup-pjure iz owoschtschej

150 g Möhren
150 g Rote Bete
100 g Porree
3 EL Butter
200 g Kartoffeln
100 g Reis
½ l heiße Milch
100 g junge grüne Erbsen
Salz

Sauerkirschsuppe mit Wareniki

Sup iz wischen s warenikami

600 g Sauerkirschen
1-1¼ l heißes Wasser
100 g Zucker
160 g Mehl
2 Eier
1 Eiweiß
Salz

◆ Die Hälfte der Kirschen entsteinen, die andere zerdrücken.

Die Kerne und die zerdrückten Kirschen mit dem heißen Wasser übergießen, den Zucker dazugeben und 5 bis 7 Minuten kochen. Durchseihen und den Saft zur Seite stellen.

Das Mehl mit den Eiern vermischen, eine Prise Salz hinzufügen und einen Nudelteig bereiten. Wenn nötig, etwas Wasser beigeben. Dünn ausrollen und mit einem Glas Kreise ausstechen. Einen Kreis jeweils mit ein bis zwei entsteinten Kirschen belegen und mit einem zweiten Kreis bedecken. Die Teigränder zuvor mit Eiweiß bestreichen, damit sie aufeinanderkleben; fest andrücken.

Die runden Wareniki in den kochenden Kirschsaft tauchen und 5 bis 10 Minuten kochen. Warm im Kirschsaft schwimmend servieren.

Auslage eines
typischen Kiosks

Kiosk in
St. Petersburg

Alte bäuerliche
Küche mit Samowar

◆

Salate und Vorspeisen
Salaty i Zakuski

◆

Die Vorspeisen, *Zakuski*, waren ursprünglich keine echten Vor-Speisen, sondern leichte Mahlzeiten, etwa das Frühstück eines Bauern (ein Stück Brot, eine Zwiebel mit Sauermilch). Zu einer *Zakuska* muß auf jeden Fall etwas getrunken werden, um eine vollständige Mahlzeit handelt es sich allerdings nicht. In anderen Ländern wie Lettland, Finnland oder Schweden setzten sich bäuerliche Traditionen langfristig in der nationalen Küche durch. Die kalte Mahlzeit wurde zu einer Hauptmahlzeit. Auch in Deutschland läßt sich eine solche Entwicklung, der wir das Abendbrot verdanken, feststellen. In Rußland, wo überwiegend kalte Temperaturen herrschen, galten hingegen immer nur warme Mahlzeiten als vollständig und nahrhaft, wobei eine flüssige Speise unbedingt dazugehörte.

Die armen Leute kannten als appetitanregende Gerichte vor allem *Solenja*, sauer Eingelegtes; aus Not aß man dazu häufig nur viel Schwarzbrot. Auch heute ist das Brot auf dem russischen Tisch unentbehrlich.

Anders war es in reichen Häusern. Im 18. Jahrhundert ergänzten verschiedene Fleisch-, Fisch-, Käsegerichte und sogar Konserven den Kaviar als Vorspeise. Es entstand eine große Vielzahl russischer *Zakuski*.

Als Salat werden in verschiedenen Ländern unterschiedliche Gerichte bezeichnet. Der Salat der europäischen Küche kommt ursprünglich aus Italien, vielmehr aus dem antiken Rom. Damals bezeichnete man mit Salat ein einziges, bestimmtes Gericht, das aus Endivien, Petersilie, Porree mit etwas Honig, Pfeffer, Salz und Essig bestand. Eine Weiterentwicklung erfuhren die Salate in Frankreich, das mit seinem milden Klima sehr gut für den Anbau von Salat geeignet ist.

Erst Ende des 18. Jahrhunderts begann man, reine Krautsalate aus Weißkohl, Rotkohl, Petersilie und Schnittlauch zuzubereiten. Noch später wurden auch Tomaten, Gurken, Artischocken in Salaten verwendet. Um die Wende vom 18. zum

19. Jahrhundert akzeptierte man sogar bis dahin verpönte Wurzeln wie Möhren, Rote Bete und Kartoffeln im Salat. Die Wurzeln machten eine kräftigere Würzung erforderlich, weshalb man für diese Salate das Gemüse zunächst kochte.

In Rußland wurde der Salat erst kurz vor dem Ersten Weltkrieg bekannt. Allerdings galt dies nur für den Adel. Gemüse war ein Alltagsgericht, Salat hingegen etwas besonderes. Im Volk zog man daraus den Schluß: »Salat ist keine Speise, man wird davon nicht satt!« Als im 20. Jahrhundert der Wert von Vitaminen erkannt wurde, versuchte der gestreßte Stadtbewohner, sich bewußter zu ernähren. Heute verstehen die Russen unter Salat sowohl Rohkost- wie auch Mischsalate aus verschiedenen Gemüsen, gelegentlich unter Zugabe von Fleisch.

In diesem Kapitel sind Salate und *Zakuski* zusammengefaßt, da sie in der russischen Küche miteinander in Berührung kommen. Die Salate werden nämlich durch traditionelle Elemente der herkömmlichen *Zakuski* bereichert: Salzpilze, Sauerkraut, Saueräpfel usw. Den Salaten aus rohem Gemüse wurde und wird gern saure Sahne hinzugefügt.

Pilzvorspeise (Variante I)
Gribnaja ikra

für 4 Personen

250 g Champignons
2 EL Sonnenblumenöl
1 gehackte Zwiebel
Zitronensaft
gehackter frischer
   Schnittlauch
Pfeffer
Salz

◆ Die Pilze säubern, in wenig Öl schmoren und in Stücke schneiden oder klein hacken.
Die Zwiebel ebenfalls in etwas Öl leicht andünsten, abkühlen lassen, pfeffern, salzen und mit den Pilzen vermischen. Mit Zitronensaft abschmecken und mit dem Schnittlauch bestreut servieren.

Variante
Statt der frischen Champignons können 50 g getrocknete Pilze genommen werden. Die Trockenpilze in etwas Wasser kochen und abtropfen lassen.

Pilzvorspeise (Variante II)
Gribnaja zakuska

für 5-6 Personen

500 g Steinpilze
2 EL Sonnenblumenöl
1-2 kleine gehackte Zwiebeln
5-6 gehackte Knoblauchzehen
½ Tasse gehackter
   Schnittlauch
schwarzer Pfeffer
Salz

◆ Die größeren Pilze grob schneiden, die kleineren ganz belassen. Das Öl mit einer Prise Pfeffer vermischen, die Zwiebeln, die Knoblauchzehen sowie den Schnittlauch beifügen und mit den Pilzen vermengen. Leicht salzen.

Auberginenvorspeise
Ikra iz baklashan

für 4 Personen

300 g Auberginen
1 Tomate
1-2 gehackte Zwiebeln
2 EL Öl
1 EL Essig
Pfeffer
Salz

◆ Die Auberginen in dem auf 170° bis 180° vorgeheizten Ofen backen, häuten und das Fruchtfleisch kleinschneiden.
Die Tomate in kleine Stücke schneiden und mitsamt den Zwiebeln in dem Öl dünsten. Die Auberginen hinzufügen, den Essig zugießen, pfeffern und salzen. Alles gut vermischen und ein wenig schmoren, bis ein Großteil der Flüssigkeit verdampft ist. Vor dem Servieren abkühlen lassen.

Beilage
Brot

◆ Den Kaviar in Salatschälchen geben, mit je einem Butterflöckchen und etwas Schnittlauch garniert servieren. Um das Schälchen einige Eisstücke legen.

Beilagen
Weißbrot und Butter; Piroshki

Variante
Statt der angegebenen Zutaten Preßkaviar, gehackte frische Petersilie und eine Zitrone nehmen. Den Kaviar in langgestreckten Häufchen auf einem Teller anrichten, mit der Petersilie bestreuen und die Zitrone in Scheiben herumlegen.

Lachs- oder Störkaviar
Ikra osetrowych ryb i ikra ketowaja

für 3-4 Personen

100 g körniger Lachs- oder
    Störkaviar
Butter
gehackter frischer
    Schnittlauch

◆ Für die Marinade die Möhren und die Petersilienwurzel waschen und in dünne Stifte sowie die Zwiebeln in Ringe schneiden. In dem Öl 10 Minuten bei reduzierter Hitze dünsten. Das Tomatenmark, das Lorbeerblatt, die Gewürznelken, den Zimt und eine Prise Pfeffer hinzufügen und zugedeckt 15 bis 20 Minuten köcheln. Den Essig und die Brühe oder Wasser hinzugießen, aufkochen und mit Salz und Zucker abschmecken. Gut abkühlen lassen.
Den Fisch säubern, Kopf und Schwanz abtrennen und ausnehmen. Am Rücken einschneiden und von beiden Seiten die Fischhaut abziehen. Das Fleisch von der Mittelgräte her ablösen, dabei die Rippengräten von jeder Hälfte ablösen. Den Fisch salzen, pfeffern, in etwas Mehl wenden und in wenig Öl braten. Abkühlen lassen und in eine tiefe Schüssel legen.
Die Marinade über den Fisch gießen. 24 Stunden ziehen lassen.

Bemerkung
Mariniert werden kann jeder beliebige Fisch. Größere Fische bei der Vorbereitung quer in Stücke schneiden.

Eingelegter Fisch
Ryba pod marinadom

24 Stunden marinieren
für 6 Personen

800 g Fisch
Weizenmehl
Öl
Pfeffer
Salz

für die Marinade:
2-3 Möhren
1 Petersilienwurzel
2-3 Zwiebeln
3-4 EL Öl
250 g Tomatenmark
1 Lorbeerblatt
3-5 Gewürznelken
¼ Stange Zimt
125 ml Essig (25 Prozent)
¼ l Fischbrühe oder Wasser
Zucker
Pfeffer
Salz

Gemischte Fleischplatte
Zakuska mjasnaja
sbornaja

für 8-10 Personen

200 g gekochtes Geflügel
am Stück
200 g Schinken in Scheiben
200 g Wurst in Scheiben
200 g gebratenes Rindfleisch
in Scheiben
3 Salzgurken (siehe Rezept)
2-3 Tomaten
2 Äpfel
1 Kopfsalat
frische Petersilie

◆ Das Huhn in die Mitte einer Platte und rundherum die Schinken-, Wurst- und Rindfleischscheiben legen. Die Salzgurken in längliche Scheiben, die Tomaten und die Äpfel in Achtel schneiden.
Das Fleisch mit einigen Salatblättern, den Salzgurken, den Tomaten, den Äpfeln und ein wenig Petersilie garnieren.

Beilagen
Weißbrot, Ketchup, Meerrettich- oder Mayonnaisesauce

Varianten
◆ Statt des Rindfleischs kann auch Schweine- oder Hammelfleisch genommen werden.
◆ Die Salzgurke durch eine Salatgurke ersetzen.
◆ Statt der frischen Äpfel können Saueräpfel (siehe Rezept) verwendet werden.
◆ Man kann außerdem gekochte, in Scheiben geschnittene Zunge dazu reichen.

Kalter Rebhuhnbraten
Domaschnjaja ditsch
sharenaja

für 8 Personen

800-1000 g Rebhuhn
1 Kopfsalat
100 g saure Äpfel
100 g Weißkohlsalat
100 g eingelegte Pflaumen
100 g Weintrauben
500 g Preiselbeeren

Das Geflügel braten. Abkühlen lassen, halbieren und je nach Größe in weitere Stücke schneiden. Einige Blätter Kopfsalat waschen, auf eine Platte legen und die Geflügelstücke darauf anrichten. Die Äpfel vierteln, jedes Viertel mehrmals längs teilen, so daß sehr schmale Stücke entstehen.
Das Geflügel mit den Äpfeln, dem Weißkohlsalat, den Pflaumen, den Weintrauben und den Preiselbeeren garnieren.

Beilagen
Kopfsalat, Obstsalat, Beerensauce (siehe Rezept)

Varianten
◆ Statt Rebhuhn kann man Fasan, Pute, Gans, Ente oder Huhn nehmen oder auch die verschiedenen Gefügel mischen.
◆ Statt mit Salatblättern mit frischer Petersilie garnieren.
◆ Den Weißkohl- durch Rotkohlsalat ersetzen.

Zaliwnoj sudak ist eine Lieblingsspeise der Russen.

◆ Den Fisch ausnehmen, waschen und in Stücke zerteilen.
Die Gräten, den Kopf ohne Kiemen, die Innereien, den Rogen, die Möhre, die Petersilienwurzel, die Zwiebel und die Lorbeerblätter 15 bis 20 Minuten in Salzwasser kochen.
Die Fischstücke beifügen und weiterkochen, bis der Fisch gar ist.
Die Fischstücke mit einem Schaumlöffel aus der Brühe nehmen, auf einer Platte in der Form eines Fisches mit kleinen Zwischenräumen anrichten und kaltstellen. Die Möhre aus der Brühe nehmen, in sternförmige Scheiben schneiden und zur Seite stellen.
Zum Gelieren ½ l Sud in einen Topf gießen. Die Gelatine in wenig Wasser aufweichen, in die Fischbrühe geben, aufkochen und nochmals durchseihen. Abkühlen lassen, bis die Flüssigkeit etwas eingedickt ist.
Die Zitrone in Scheiben schneiden.
Jedes Fischstück mit je einer Zitronenscheibe, einer Möhrenscheibe und einem Petersilienblatt verzieren. Dann zwei- bis dreimal mit Gelee übergießen, wobei die Verzierung nicht verschoben werden darf. Zwischendurch immer wieder kaltstellen, bis die Schichten jeweils erstarrt sind. Bis zum Servieren im Kühlschrank aufbewahren.

Beilagen
Kartoffelsalat, Gurken- und Tomatensalat ohne saure Sahne, Mayonnaise

Zander in Aspik
Zaliwnoj sudak

für 8-10 Personen

1 Zander (1000-1200 g)
1 Möhre
1 Petersilienwurzel
1 Zwiebel
1-2 Lorbeerblätter
10-20 g Gelatine
1 Zitrone
1 Bund Petersilie
Salz

Zunge in Aspik
Zaliwnoj jazyk

für 10-12 Personen

1 frische Rinderzunge
  (etwa 1 kg)
1 Möhre
1 Petersilienwurzel
1 Zwiebel
20-25 g Gelatine
2 hartgekochte Eier
1 Salatgurke
2-3 Salzgurken (siehe Rezept)
1 Bund Petersilie
100 g Kopfsalat
Rotkohlsalat
2-3 Tomaten
eingelegte Sauerkirschen
Salz

◆ Die Zunge mit der Möhre, der Petersilienwurzel und der Zwiebel in leicht gesalzenem Wasser kochen.
Die Zunge aus dem Sud nehmen, etwas abkühlen lassen, häuten und in dünne Scheiben schneiden. Zum Gelieren 500 bis 750 ml Sud in einen Topf gießen. Die Gelatine in wenig Wasser aufweichen, in den Sud geben und aufkochen. Abkühlen lassen, bis die Flüssigkeit etwas eingedickt ist.
Die Eier, die Salatgurke und die Salzgurken in Scheiben schneiden.
Die Zungenscheiben in eine breite Schüssel legen und mit Ei, Salatgurke, Salzgurke und Petersilienblättern belegen. Dann zwei- bis dreimal mit Gelee übergießen, wobei die Verzierung nicht verschoben werden darf. Zwischendurch immer wieder kaltstellen, bis die Schichten jeweils erstarrt sind.
Im Kühlschrank aufbewahren.
Zum Servieren den Aspik in Stücke schneiden. Eine Platte mit Salatblättern belegen, die Aspikscheiben darauf verteilen und mit Rotkohlsalat, den geviertelten Tomaten und den Sauerkirschen garnieren.

Beilagen
Meerrettich (eventuell mit Essig), Mayonnaise oder saure Sahne mit Meerrettich

Varianten
◆ Die Rinderzunge durch eine Zunge vom Schwein ersetzen. In diesem Fall sollte die Zunge reichlich 1 kg wiegen.
◆ Statt der Zunge mageren Schinken nehmen.
◆ Den Rotkohl- durch Weißkohlsalat ersetzen.
◆ Statt der Sauerkirschen eingelegte Pflaumen oder Weintrauben verwenden.

◆ Die Rote Bete ungeschält in einem Stahltopf oder einem alten Topf (er färbt sich dunkel) bei stark reduzierter Hitze kochen. In dem Kochwasser abkühlen lassen, schälen und grob reiben. Mit dem Knoblauch und der Mayonnaise vermischen.

Beilage
Weißbrot

Rote Bete-Salat mit Knoblauch
Salat iz swekly

für 6 Personen

3 Rote Bete
2 gehackte Knoblauchzehen
4 EL Mayonnaise

◆ Das Sauerkraut mit dem Zucker und dem Öl vermischen. Die Äpfel (je nach Geschmack frische oder eingelegte) hinzufügen. Ziehen lassen.

Bemerkung
Als Beilage paßt der Salat zu Bockwürsten, Schweinebraten oder gekochtem Geflügel.

Variante
Die Äpfel durch eingelegten Sellerie, frische oder sauer eingelegte Preiselbeeren ersetzen.

Sauerkrautsalat
Salat iz kwaschenoj kapusty

für 6-8 Personen

500 g Sauerkraut
    (siehe Rezept)
1-2 EL Zucker
1 EL Öl
frische oder Eingelegte Äpfel
    (siehe Rezept)

◆ Das Fischfilet garen, gut abkühlen lassen und in kleine Stücke schneiden.
Die Kartoffeln pellen und in kleine Würfel schneiden. Die Gurken und die Tomate in Scheiben, die Kopfsalatblätter in Streifen schneiden. Einige Salatblätter, Gurken- und Tomatenscheiben zur Seite stellen.
Alles in eine Schüssel geben und gut vermischen. Vor dem Servieren leicht salzen, die Mayonnaise untermengen und mit den restlichen Salatblättern, Gurken- und Tomatenscheiben garnieren.

Varianten
Den Salat mit rotem oder schwarzem Kaviar, mit Lachsscheibchen oder entsteinten Oliven garnieren.

Fischsalat
Salat iz ryby

für 4-6 Personen

200 g Fischfilet
    (Stör, Lachs, Zander)
3 gekochte Kartoffeln
1 Salatgurke
1 Salzgurke (siehe Rezept)
1 Tomate
1 kleiner Kopfsalat
100 g Mayonnaise
Salz

Heringssalat
Salat iz seldi

für 6 Personen

2 Kartoffeln
1 Rote Bete
1 Apfel
1 mittelgroßer Salz- oder
  Lachshering
1 Salzgurke (siehe Rezept)
1-2 hartgekochte Eier
1 TL scharfer Senf
3 EL Öl
2 EL Essig
1 gehackte Zwiebel
50 g gehackter frischer
  Schnittlauch
50 g gehackte frische
  Petersilie
Salz

◆ Die Kartoffeln kochen und pellen. Die Rote Bete ungeschält in einem Stahltopf oder einem alten Topf (er färbt sich dunkel) kochen. In dem Kochwasser abkühlen lassen und schälen. Das gekochte Gemüse und den entkernten Apfel in dünne Scheiben schneiden, den Hering und die Salzgurke würfeln. Einige Rote Bete-Scheiben und Heringswürfel zum Garnieren zur Seite stellen. Das Eiweiß zum Garnieren in Ringe schneiden.
Für die Salatsauce das Eigelb mit einer Prise Salz, dem Senf und dem Öl verrühren, dabei das Öl nach und nach einträufeln. Mit dem Essig abschmecken.
Kurz vor dem Servieren die Herings-, Gemüse- und Apfelstücke mit der Salzgurke und der Zwiebel vermischen. Die Salatsauce mit dem Schnittlauch und der Petersilie unter den Salat mischen. In eine Salatschüssel geben und mit den Rote Bete-Scheiben, den Heringswürfeln und den Eiweißringen garnieren.

Krabbensalat
Salat iz krabow

für 6 Personen

2-3 Kartoffeln
1 Möhre
1 weiße Rübe
100 g grüne Erbsen
1 Tomate
1 Salatgurke
1 kleiner Kopfsalat
1 Dose Krabben
1 EL Öl
2 EL Essig
70 g Mayonnaise
Salz

◆ Die Kartoffeln, die Möhre und die Rübe getrennt garen und in Würfel schneiden. Die Erbsen kochen. Die Tomate und die Gurke in Scheiben schneiden. Den Salat waschen, gut abtropfen lassen und zerteilen. Einige Blätter zum Garnieren zur Seite stellen.
Den Kopfsalat in eine Salatschüssel geben, die Kartoffeln, die Möhre, die Rübe und die Erbsen in getrennten Häufchen am Rand verteilen. Dazwischen die Tomaten- und Gurkenscheiben legen. Das Krabbenwasser abgießen und zur Seite stellen. Die Krabben auf dem Salat verteilen. Leicht salzen.
Das Öl, den Essig und das Krabbenwasser zu einer Salatsauce verquirlen und über den Salat gießen. Die Mayonnaise auf den Krabben verteilen und mit den restlichen Salatblättern garnieren.

Varianten
- ◆ Statt der Krabben Garnelen, Krebsschwänze oder Hummer verwenden.
- ◆ Die grünen Erbsen durch Schnittbohnen ersetzen.

◆ Die Äpfel, die Birne, die Orange und die Mandarine waschen und schälen. Die Orangenschalen zur Seite legen. Die Früchte in Stücke schneiden und in eine Schüssel geben.
Vor dem Servieren leicht salzen und mit dem Puderzucker bestreuen. Die Mayonnaise und den Zitronensaft untermischen.
Das Äußere der Orangenschale in sehr feine Streifen schneiden und damit den Salat garnieren.

Bemerkungen
- ◆ Eignet sich als Beilage zu Gerichten aus kaltem Hammelfleisch, Wild oder Geflügel.
- ◆ Dieser Salat kann als eigenständiges Gericht serviert werden.

Varianten
- ◆ Man kann auch gekochte Backpflaumen, Weintrauben und Beeren auf dem Salat verteilen.
- ◆ Je nach Jahreszeit läßt sich der Salat aus anderen Früchten zubereiten: Pfirsichen, Aprikosen, gekochten Quitten, Erdbeeren und anderem Obst, nur Äpfel müssen immer reichlich zugegeben werden.

Fruchtsalat
Salat iz fruktow

für 4-6 Personen

3 Äpfel
1 Birne
1 ungespritzte Orange
1 Mandarine
1 TL Puderzucker
4 EL Mayonnaise
1 EL Zitronensaft
Salz

♦

Fleischgerichte
Mjaso

♦

In der russischen Küche unterscheidet man drei Arten von Fleischhauptgerichten:

◆ im Ganzen gekochte, große Stücke (Rind, Schwein, Hammel), die in Suppen oder dünnen Breien *(Kasizy)* gegart und heiß wie auch kalt gereicht werden

◆ vollständig belassene Tiere (Geflügel) oder Teile (Keulen, Brust, Schlegel und anderes), die man in der Backröhre auf dem Rost brät *(Sharkoje)*

◆ mit Graupen gebackene Innereien

Die Russen haben häufig Gerichte aus anderen Regionen und Ländern in ihre Küche integriert. Hackfleischgerichte wie Frikadellen, Fleischplätzchen, *Kneli* und ähnliches wurden im 19. und 20. Jahrhundert aus Nachbarländern übernommen. Heute sind sie weit verbreitet, für die klassische russische Küche aber nicht charakteristisch. Die Russen kannten lange Zeit keine Würste, die als typisch deutsches Gericht angesehen wurden. Im 20. Jahrhundert jedoch entwickelten sich Bockwürste *(Sosiski)*, dicke Bockwürste *(Sardelki)*, verschiedene Zervelatwürste und Salamis zu beliebten und weitverbreiteten Fleischprodukten. Auch andere europäische Fleischgerichte wie Schnitzel, Gulasch und Kohlrouladen sind in Rußland sehr populär, wurden in diese Sammlung indessen nicht aufgenommen.

Als Beilage zu den Fleischgerichten servierte man früher dicke und dünne Breie, in denen das Fleisch gekocht wurde, später auch gekochte, gedämpfte und gebackene Wurzeln (Rüben, Möhren) sowie Pilze. Zu Braten gab es außerdem etwas Saures wie Sauerkraut, eingelegte und gesäuerte *(moconyje)* Äpfel, eingemachte Preiselbeeren oder Kompott. Für Saucen werden dem Bratenfond saure Sahne und Butter zugegeben. Mehlschwitzen als Saucenbindung waren ursprünglich unbekannt, gehören aber inzwischen zur modernen russischen Küche.

Die Russen aßen selten Fleisch, denn an zwei von drei Tagen wurde aus religiösen Gründen gefastet. Außerdem war es verhältnismäßig teuer.

◆ Den Schweinskopf und die -hachsen absengen, säubern und portionieren. In einen Topf geben und mit kaltem Wasser bedecken, wobei auf 1 kg Fleisch rund 1 l Wasser kommt. Sechs bis acht Stunden auf sehr kleinem Feuer sieden, bis die Hälfte des Wassers verdampft ist. Das Wasser darf dabei nicht kochen. 60 bis 90 Minuten vor Ende der Garzeit die Zwiebeln, die Möhre, die Petersilienwurzel unzerkleinert sowie die Lorbeerblätter hinzugeben und sehr sparsam salzen. Das Fleisch aus der Brühe nehmen, vom Knochen ablösen, in kleine Stücke schneiden und in ein anderes Gefäß legen. Mit dem Knoblauch vermengen und mit einem Teil des frischgemahlenen Pfeffers würzen. Den Rest des Pfeffers zum eventuellen Nachwürzen zur Seite stellen.
Die Brühe mit den Knochen 60 bis 90 Minuten weiterkochen. Es sollte nicht mehr als 1 l Brühe übrigbleiben. Über das Fleisch geben und drei bis vier Stunden kaltstellen.

Sülze
Studen

12-15 Stunden vorher
beginnen
für 6 Personen

1 Schweinskopf
4 Schweinshachsen
1-2 Zwiebeln
1 Möhre
1 Petersilienwurzel
5 Lorbeerblätter
1 gehackte Knoblauchzehe
10 schwarze Pfefferkörner
5 aromatische weiße
    Pfefferkörner
Salz

Beilagen
Meerettich, Senf, zerstoßener Knoblauch, saure Sahne

Bemerkung
Gelatine wird bei diesem Gericht nicht verwendet, weil junges Fleisch die nötige Menge Bindesubstanzen enthält.

Variante
Das Gericht kann auch mit einem Kalbskopf und vier Kalbshachsen zubereitet werden.

Schmorfleisch mit Kartoffeln
Gowjadina tuschonaja s kartofelem

für 4 Personen

500 g Fleisch (Lende oder
  Hüftstück)
1 EL Mehl
¼ l heißes Wasser
2-3 gehackte Zwiebeln
2 EL Butter
800 g Kartoffeln
1 Lorbeerblatt
2 Gewürznelken
5-6 schwarze Pfefferkörner
gehackte frische Petersilie
gehackter frischer Dill
Öl
Pfeffer
Salz

◆ Das Fleisch waschen, in Stücke von 80 bis 150 g schneiden, salzen, pfeffern, in dem Mehl wenden und in einer Pfanne in etwas Öl rundum anbraten, bis sich eine braune Kruste bildet. In eine Kasserolle legen.

Das heiße Wasser in die Bratpfanne gießen, aufkochen, durchseihen und dem Fleisch zugeben. Das Fleisch bei mäßiger Hitze etwa 90 Minuten schmoren.

Die Zwiebeln in etwas Butter goldgelb dünsten. Die Kartoffeln vierteln und in der restlichen Butter anbraten. Beides zusammen mit dem Lorbeerblatt, den Gewürznelken und den zerdrückten Pfefferkörnern dem Fleisch beigeben und weitere 30 Minuten bei schwacher Hitze schmoren.

Mit der Petersilie und dem Dill bestreuen und servieren.

Beilage
Gurkensalat, Kopfsalat oder Tomatensalat

Bemerkung
In Rußland verwendet man zum Anbraten des Fleisches Butter.

Tschanachi ist ein georgisches Rezept und leicht zuzubereiten. Es wird im Tontopf im Backofen geschmort. Man verwendet ausschließlich fettes Hammelfleisch, das ungefähr ein Fünftel der Gesamtmenge des Gerichts ausmacht. Dazu kommt Gemüse. Manchmal wird dem Gericht nach der halben Schmorzeit Reis beigegeben; in diesem Fall nimmt man weniger Kartoffeln und Auberginen.

◆ Das Fleisch salzen, 5 Minuten liegenlassen und ganz oder in Stücken in einen Tontopf legen.
Die Kartoffeln würfeln, die Auberginen jeweils bis zur Mitte längs einschneiden, mit den zerdrückten Pfefferkörnern und Salz bestreuen, mit etwas Koriander und Basilikum füllen.
Die Kartoffeln, die Auberginen, die in Scheiben geschnittenen Tomaten und die Zwiebeln schichtweise mit den restlichen Kräutern auf das Fleisch legen. Mit dem Paprika bestreuen und salzen. Mit dem Tomatensaft oder Wasser auffüllen, Talg- oder Butterflöckchen darauf verteilen. Fest mit einem Deckel verschließen und eineinhalb bis zwei Stunden in den auf 180° bis 200° vorgeheizten Backofen stellen.

Variante
100 g Reis eine Stunde kochen. Vor dem Servieren eine Vertiefung in die Mitte des Tschanachi drücken und den Reis darin aufhäufen.

Hammelschmortopf
Tschanachi

für 4-5 Personen

500 g Hammelfleisch
500 g Kartoffeln
5 mittelgroße Auberginen
8-10 schwarze Pfefferkörner
2 EL gehackter frischer
    Koriander
1 EL gehacktes frisches
    Basilikum
500 g Tomaten
5 gehackte Zwiebeln
½ TL Paprika
200 ml Tomatensaft
    oder kochendes Wasser
25 g Hammeltalg oder Butter
Salz

Rindfleisch in Kwas
Gowjadina
w chlebnom kwasu

für 4-5 Personen

600 g Rindfleisch zum Braten
75 g Butter
750 ml Ein-Tag-Kwas aus
    Roggenbrot (siehe Rezept)
2 Möhren
1 Kohlrabi
1 Petersilienwurzel
2-3 Zwiebeln
2-3 EL Tomatenmark
gehackte frische Petersilie
    oder Schnittlauch
Pfeffer
Salz

für die rote Sauce:
1 EL Mehl
2 EL Butter
1 EL Tomatenmark
1 kleine Möhre
1 kleine Petersilienwurzel
1 kleine, gehackte Zwiebel
1-2 EL Madeira

◆ Das Rindfleisch waschen, pfeffern, salzen und in einer Kasserolle in Butter scharf anbraten. Mit dem Kwas ablöschen und bei reduzierter Hitze garen. Falls erforderlich, gelegentlich Kwas oder heißes Wasser nachgießen.

Für die rote Sauce das Mehl in 1 EL Butter dunkelbraun rösten, mit dem Tomatenmark vermischen und mit ½ l Fleischsud aus der Kasserolle ablöschen. Die Möhre und die Petersilienwurzel raspeln oder sehr fein schneiden und mit der Zwiebel einige Minuten in Butter andünsten. Der Sauce beifügen. Bei schwacher Hitze, am besten auf einem Spezialuntersetzer, 15 bis 20 Minuten köcheln. Mehrfach umrühren. Salzen, mit Madeira abschmecken und durchseihen.

Die Möhren, den Kohlrabi und die Petersilienwurzel würfeln und in wenig Salzwasser garen. Die Zwiebeln in Butter dünsten. Alles mit dem Tomatenmark vermischen.

Zum Servieren das Fleisch in Portionen schneiden, mit dem Gemüse anrichten, mit der roten Sauce übergießen und Petersilie oder Schnittlauch darüberstreuen.

Beilagen
Salzkartoffeln oder Reis sowie ein Rohkostsalat

Varianten
◆ Das Fleisch kann auch im Backofen bei nicht zu hohen Temperaturen geschmort werden.
◆ Statt des Madeiras Portwein oder einen anderen roten Dessertwein verwenden.

◆ Das Rindfleisch waschen, enthäuten und entbeinen. Das Fett in kleine Stücke schneiden, in eine erhitzte Pfanne geben, auslassen und das Rindfleisch darin am Stück anbraten, so daß es rundum eine Kruste bekommt.
Die Möhre und die Petersilienwurzel würfeln, die Pfefferkörner und die Lorbeerblätter zerstoßen und alles mit den Zwiebeln über das Fleisch streuen. Mit dem Ingwer würzen. In den auf 180° bis 200° vorgeheizten Backofen stellen und 60 bis 90 Minuten braten. Alle 10 Minuten mit etwas Kwas übergießen und dabei wenden.
5 bis 7 Minuten vor Ende der Bratzeit den gesamten Bratenfond in einer Schüssel sammeln. Das abgekochte Wasser zugießen und in den Kühlschrank stellen. Wenn der Bratensaft erstarrt ist, die Fettschicht abnehmen und den Fleischsaft wieder erhitzen. Durchseihen und die saure Sahne zufügen.
Das geschmorte Fleisch aus dem Ofen nehmen, 1 TL Salz darübergeben und 15 Minuten ruhen lassen. Quer zur Faser in Stücke schneiden, mit der heißen Bratensauce übergießen und auftragen.

Beilagen
Bratkartoffeln, gekochte oder gedämpfte Möhren, weiße Rüben, Steckrüben, gebratene oder gedämpfte Pilze, Rohkostsalat

Bemerkung
Sharkoje wird nie kalt serviert und nie aufgewärmt.

Braten
Sharkoje

für 10 Personen

2-2,5 kg Rindfleisch (Mittelrippenstück)
1 Möhre
1 Petersilienwurzel
6-8 schwarze Pfefferkörner
3-4 Lorbeerblätter
2 gehackte Zwiebeln
2 TL gemahlener Ingwer
200-300 ml Ein-Tag-Kwas aus Roggenbrot (siehe Rezept)
50 ml kaltes, abgekochtes Wasser
100 g saure Sahne
Salz

Gebratenes Ferkel
Porosjonok sharenyj

für 10-14 Personen

1 Spanferkel (2-3 kg)
Mehl
Sonnenblumenöl
50 g Butter
Moosbeersaft (siehe Rezept)

für die Füllung:
3 Tassen Buchweizen
9 Tassen kochendes Wasser
1 EL Butter
Salz

◆ Das Ferkel mit kaltem Wasser waschen, 3 bis 4 Minuten darin liegen lassen, dann 2 bis 3 Minuten in siedendes Wasser geben. Die Borsten vorsichtig, ohne die Haut zu verletzen, auszupfen. Das Ferkel mit Mehl einreiben und die restlichen Borsten absengen.

Das Ferkel zerlegen, ausnehmen, innen und außen waschen. Alle Knochen (Rippen, Rückgrat) mit Ausnahme von Kopf und Füßen von innen her auslösen. Dabei dürfen Fleisch und Haut keinesfalls durchtrennt werden.

Für die Füllung einen Buchweizenbrei (siehe auch Rezept) kochen. Den Buchweizen in Öl anbraten, mit kochendem Wasser überbrühen und die zusammengebackenen Körner trennen. Das Wasser abschütten. Erneut etwa 1 l kochendes Wasser zugießen, salzen und nicht ganz zugedeckt 30 bis 40 Minuten bei mäßiger Hitze köcheln. Den gegarten Brei mit dem 1 EL Butter verfeinern und mit Salz abschmecken.

Die Leber des Ferkels in kleine Stücke schneiden und in wenig Öl anbraten. Dem Brei zugeben, gut untermischen.

Das Ferkel mit dem Brei füllen. Dafür den Brei gleichmäßig innen über die gesamte Länge verteilen, damit die Form des Tierkörpers nicht entstellt wird. Nicht zu dicht stopfen. Das Ferkel zunähen, seine Form, falls nötig, »korrigieren« und die Füße einwärtsbiegen. Auf ein Blech kreuzweise Birkenstäbe schichten. Das Ferkel daraufflegen, so daß seine Haut das Blech nicht berührt. Nicht salzen oder würzen! Mit Sonnenblumenöl einreiben, mit den zerlassenen 50 g Butter übergießen und solange in dem auf etwa 200° vorgeheizten Backofen braten, bis das Ferkel braun ist. Dann auf die andere Seite drehen und wieder bräunen.

Anschließend die Hitze verringern und weiterbraten. Dabei das Ferkel eine Stunde lang alle 10 Minuten mit dem Bratensaft begießen und wenden. Schließlich 15 bis 20 Minuten mit dem Rücken nach oben zu Ende braten.

Vor dem Servieren das Ferkel am Rücken längs tief einschneiden, damit der Dampf entweichen kann. So bleibt die Kruste trocken und knusprig. 15 Minuten stehen lassen. In Stücke zerteilen oder ganz lassen, mit dem Bratenfond übergießen und mit Moosbeersaft auftragen.

Diese Beilagen aus Gemüse oder Beeren werden oft mit Essig und Honig zubereitet. Traditionell sind Zwiebel-, Kraut- und Moosbeer-Wzwar.

Altrussische Saucenbeilagen zu Sharkoje
Wzwary k sharkomu

◆ Die Zwiebeln mit dem Essig vermischen, 5 bis 10 Minuten ziehen lassen. Das Butterschmalz erhitzen und die Zwiebeln darin dünsten, bis sie weich sind. Mit dem Honig süßen und solange bei mäßiger Hitze köcheln, bis die Flüssigkeit eingedickt ist. Pfeffern und salzen.

Zwiebel-Wzwar
Lukowyj wzwar

für 6-8 Personen

5-6 gehackte Zwiebeln
2-3 EL Essig
1 EL Butterschmalz
1-2 EL Honig
½-1 TL Pfeffer
Salz

Bemerkung
Eignet sich als Beilage zu Hammelbraten, Gans und Truthahn.

◆ Das Sauerkraut so klein wie möglich schneiden. Das Butterschmalz erhitzen und das Sauerkraut zusammen mit den Zwiebeln darin braten, bis es weich ist.
Den Honig in einem gesonderten Emaillegefäß erhitzen, mit dem Essig vermischen und dem Gemüse zugeben. Alles gut vermengen und erneut aufkochen. Pfeffern und salzen.

Kraut-Wzwar
Kapustnyj wzwar

für 10 Personen

500 g Sauerkraut
50 g Butterschmalz
2 gehackte Zwiebeln
2 EL Honig
2 EL Essig
1 TL Pfeffer
Salz

Bemerkung
Eignet sich als Beilage zu Gans und Rindfleisch.

Moosbeersaft
Kljukwennyj wzwar

für 6 Personen

450 g frische oder
   tiefgefrorene Moosbeeren
200 ml kochendes Wasser
1 EL Mehl
75-100 g Honig

◆ Aus den Moosbeeren den Saft herauspressen und zur Seite stellen. Die Preßrückstände mit dem kochenden Wasser aufgießen, in einem Topf gut durchkochen, nochmals auspressen und abkühlen lassen. Dieses Moosbeerenwasser mit dem Mehl verrühren.
Den rohen Saft mit dem Honig vermischen und solange kochen, bis er sämig ist. Das Moosbeerenwasser mit dem Mehl hinzugießen, erneut aufkochen.

Bemerkungen
◆ Moosbeeren sind eine Preiselbeerart.
◆ Am besten Roggenmehl oder einfaches Weizenmehl nehmen.
◆ Eignet sich als Beilage zu gebratenem Ferkel und Truthahn.

Bœuf Stroganoff
Befstroganow

2 Stunden vorher beginnen
für 3-4 Personen

500 g Rinderfilet
1 TL Mehl
30-40 g Butter
1 Tasse Fleischbrühe
⅓ TL extrascharfer Senf
1 TL Tomatenmark
1 EL saure Sahne
1 gehackte Zwiebel
Pfeffer
Salz

◆ Das Filet zwei Stunden vor der Mahlzeit in kleine Würfel schneiden, pfeffern und salzen.
Kurz vor dem Servieren mit dem Mehl bestreuen und in wenig Butter goldgelb rösten. Mit der Fleischbrühe ablöschen, aufkochen. Mit dem Senf und einer Prise Pfeffer würzen, alles vermischen, nochmals aufkochen und durchseihen. Die Fleischbrühe zur Seite stellen.
In einer zweiten Pfanne das Tomatenmark braten, die saure Sahne zugeben und umrühren. Die Fleischbrühe hinzufügen.
Das Fleisch mit der Zwiebel in heißer Butter bei starker Hitze braten. Ständig wenden. In die Sauce geben, unterrühren, gut zudecken und 15 Minuten an den Herdrand stellen, bis es noch einmal aufkocht. Das Fleisch sollte nicht direkt auf der heißen Platte stehen, dieser Kochvorgang funktioniert also am authentischsten auf Herden mit heißen Rändern wie etwa Glaskeramikherden.

Variante
Die Sauce mit 100 ml Rotwein verfeinern, entsprechend weniger Fleischbrühe zugießen.

◆ Das gewaschene, gut getrocknete Fleisch zunächst in kleine dünne Scheiben, dann in Stäbchen schneiden.
Die Steinpilze in Stücke schneiden. Mit den Zwiebeln in der Butter dünsten.
Die Fleischstäbchen pfeffern und salzen. Zu den Pilzen und Zwiebeln geben und bei recht starker Hitze 5 bis 6 Minuten anbraten. Ständig mit der Gabel wenden. Die saure Sahne mit dem Mehl verrühren, dazugeben, nochmals kräftig aufkochen, pfeffern und salzen.

Beilage
Kartoffelpüree oder weißer Reis

Bemerkung
Als Fleisch eignet sich am besten hohe Rippe oder Hüftstück vom Rind.

Variante
Die Steinpilze können weggelassen oder durch Champignons ersetzt werden.

Njanja ist ein altrussisches Gericht.

◆ Den Hammelkopf und die -füße solange in Salzwasser kochen, bis das Fleisch vom Knochen fällt. Ablösen und zerteilen, das Gehirn aus dem Kopf herausnehmen und zur Seite stellen. Die Hammelfleischstücke mit den Zwiebeln und dem Buchweizenbrei vermischen. Salzen.
Den Hammelmagen sorgfältig abschaben und waschen. Mit der Fleisch-Brei-Farce füllen, dabei das Gehirn in die Mitte legen. Den Magen zunähen, in ein Tongefäß geben und mit einem Deckel dicht verschließen. In dem auf 180° bis 200° erhitzten Ofen zwei bis drei Stunden garen.

Bemerkung
Als Gefäß wird ein breiter Tontopf *(korcag)* benutzt. Ersatzweise kann man einen Römertopf verwenden.

Bœuf Stroganoff mit Steinpilzen
Befstroganow s gribami

für 3-4 Personen

500 g Filetstück
150 g frische Steinpilze
2 gehackte Zwiebeln
3 EL Butter
150 g saure Sahne
1 EL Mehl
Pfeffer
Salz

Gefüllter Hammelmagen
Njanja

etwa 6 Stunden vorher
beginnen
für 4-6 Personen

1 Hammelkopf
4 Hammelfüße
4 gehackte Zwiebeln
Buchweizenbrei aus 2 Tassen
    Buchweizen (siehe Rezept)
1 Hammelmagen
Salz

Sauerrahm-Leber
Petschonka w smetane

für 3-4 Personen

500 g Rinderleber
1 EL Mehl
Butter
1 gehackte Zwiebel
¼ l Fleischbrühe
    oder heißes Wasser
125 g saure Sahne
gehackte frische Petersilie
Pfeffer
Salz

◆ Die Leber waschen, häuten, die Röhren entfernen und in Scheiben schneiden. Leicht pfeffern, in dem Mehl wenden und in etwas Butter kurz anbraten. Die Zwiebel separat in etwas Butter braten, bis sie goldgelb ist.
Die Leberstreifen in einen Topf geben und mit der gerösteten Zwiebel bestreuen. Den Bratensaft in der Pfanne mit der Fleischbrühe oder dem Wasser auflösen und aufkochen. Die saure Sahne unterrühren und über die Leber und die Zwiebel verteilen. Mit einem Deckel schließen und bei schwacher Hitze 15 bis 20 Minuten schmoren.
Die Leber in eine Schüssel geben und schwach salzen. Die Sauce ebenfalls salzen und über die Leber gießen. Mit Petersilie bestreuen.

Beilagen
Bratkartoffeln, in Butter geschwenkte Salzkartoffeln oder Makkaroni sowie Rohkostsalat

Bemerkung
Man kann statt Rinder- auch Schweine-, Kalbs- oder Geflügelleber verwenden.

Lungenragout
Gulasch iz ljogkich

für 3-4 Personen

500 g Lunge
kochendes Wasser
1-2 EL Butter
1 EL Mehl
1 gehackte Zwiebel
400-500 ml Fleischbrühe
1 EL Tomatenmark
1 Lorbeerblatt
Pfeffer
Salz

◆ Die Lunge waschen, in kochendes Wasser legen und bei reduzierter Hitze eineinhalb bis zwei Stunden kochen. In Würfel von jeweils 30 bis 40 g schneiden, pfeffern und salzen. In einer Pfanne die Butter erhitzen und die Lungen anbraten. Mit dem Mehl bestäuben, die Zwiebel hinzugeben und einige Minuten weiterbraten.
Das Fleisch in eine Kasserolle geben. Die Fleischbrühe mit dem Tomatenmark vermischen und über das Fleisch gießen. Das Lorbeerblatt beifügen, einen Deckel auf die Kasserolle setzen und 10 bis 15 Minuten bei mittlerer Hitze köcheln.

Beilagen
Salz- oder Bratkartoffeln sowie Rohkostsalat

◆ Das Hirn 30 bis 40 Minuten in kaltes Wasser legen, das geronnene Blut entfernen und häuten. Dann in eine Kasserolle geben und mit kaltem Wasser knapp bedecken. Mit dem Essig, den zerdrückten Pfefferkörnern und den Lorbeerblättern würzen; salzen. Zum Kochen bringen, dann die Hitze reduzieren und 10 Minuten bei verringerter Hitze ziehen lassen. Vom Herd nehmen, weitere 10 Minuten stehen lassen.

Die Hirnstücke aus dem Topf nehmen, in einem Sieb abtropfen lassen, pfeffern und salzen. In dem Mehl wälzen und in 2 EL heißer Butter von allen Seiten gut anbraten.

Das Gericht in eine Schüssel geben, mit der übrigen, zerlassenen Butter übergießen, mit dem Zitronensaft beträufeln und Petersilie oder Dill nach Geschmack darüberstreuen.

Beilagen
Bratkartoffeln, Kartoffelpüree, junge Erbsen, grüne Bohnen oder Möhren in Butter sowie Kopfsalat

Gebratenes Hirn
Mozgi sharenyje

für 3-4 Personen

500 g Hirn
1-2 EL Essig
5-6 schwarze Pfefferkörner
2-3 Lorbeerblätter
1-2 EL Mehl
4 EL Butter
½ Zitrone (Saft)
gehackte frische Petersilie
    oder Dill
Pfeffer
Salz

Schaschlik
Schaschlyk (Mzwadi)

Schaschlik bezeichnet ein in Rußland sehr beliebtes kaukasisches Gericht. Die Georgier nennen es in ihrer Sprache *Mzwadi*. Es wird in Georgien vorrangig aus Ochsenfleisch und überwiegend auf die folgenden drei Arten zubereitet:

♦ als eigentliches *Mzwadi*, bestehend aus einem ganzen Stück Ochsenfleisch, auch »langer *Mzwadi*« genannt. Heutzutage bekommt man ihn sogar in Georgien äußerst selten.

♦ als *Basturma* aus mariniertem Rindfleisch. In diesem Fall kann man auch Hammelfleisch verwenden.

♦ als *Schaschlyk* aus Hammelfleisch mit Auberginen.

Echter oder langer Mzwadi
Nastojascij ili dlinnyj mzwadi

für 4 Personen

700 g Ochsenfleisch
Nußöl oder Pflanzenöl
gehackte Frühlingszwiebeln
gehackter frischer Koriander
gehacktes frisches Basilikum
Pfeffer
Salz

♦ Das Fleischstück enthäuten und längs auf einen Spieß stecken. Mit einem derben Faden umwickeln, damit das Fleisch beim Braten seine Form behält. Über glühenden Holzkohlen grillen, dabei den Spieß drehen und das Fleisch während des Bratens mit Öl bestreichen.
Den gegrillten Mzwadi vom Spieß nehmen und quer zu den Fleischfasern in 1½ cm dicke Scheiben schneiden. Pfeffern und salzen. Mit Frühlingszwiebeln, Koriander und Basilikum nach Geschmack bestreut servieren.

Beilagen
körnig gekochter Reis und trockener bzw. halbtrockener Rotwein

Varianten
♦ Den Mzwadi vor dem Braten leicht mit Salzwasser bestreichen.
♦ Das Fleisch bereits vor dem Grillen mit Salz und Pfeffer einreiben: So wird es saftiger.

◆ Das Rindfleisch gründlich enthäuten und von Sehnen befreien. In gleichmäßige Würfel von etwa 3 mal 5 cm Größe schneiden.

In ein Emaille-, Porzellan-, Glas- oder Steingutgefäß legen. Für die Marinade die Zwiebeln mit zerstoßenen Koriandersamen sowie dem Weinessig vermischen; pfeffern und salzen. Über das Fleisch gießen. Das Gefäß dicht verschließen und zwei bis zwölf Stunden an einen kühlen Ort stellen.

Das Fleisch mit Öl bestreichen, so trocknet es nicht aus. Am besten auf einen Holzspieß stekken und über glühenden Holzkohlen grillen.

Bemerkung
Rindfleisch von der Keule oder vom Hinterviertel eignet sich am besten.

Marinierter Mzwadi
Basturma

2-12 Stunden marinieren
für 4 Personen

700 g Rindfleisch
2 gehackte Zwiebeln
nach Geschmack:
    Koriandersamen
1-2 EL Weinessig
Öl
Pfeffer
Salz

◆ Das Fleisch und die Nieren waschen, Sehnen und Adern entfernen. Das Fleisch einmal durchschneiden, die Nieren halbieren. In ein Steingutgefäß legen, pfeffern und salzen. Die Zwiebel und Petersilie darüberstreuen. Mit dem Essig oder Zitronensaft beträufeln und zwei bis drei Stunden zugedeckt kühlstellen.

Vor dem Braten jedes Fleischstück auf einen Spieß stecken, an beiden Seite je eine halbe Niere befestigen. Über glühenden Holzkohlen ohne Flamme garen. Den Spieß oft wenden.

Den gegrillten Schaschlik vom Spieß nehmen und mit Zitronenstücken, Koriander, Basilikum und Schnittlauch nach Geschmack auftragen.

Bemerkung
Statt eines Holzkohlegrills kann auch ein Grillgerät oder eine Pfanne mit siedendem Fett verwendet werden.

Armenisches Schaschlik
Schaschlyk po-karski

2-3 Stunden marinieren
für 3-4 Personen

500 g Nierenbraten mit
    2 Nieren vom jungen
    Hammel oder Lamm
1 gehackte Zwiebel
gehackte frische Petersilie
1 EL Essig oder Zitronensaft
½ Zitrone
frische Korianderblätter
frische Basilikumblätter
gehackter frischer
    Schnittlauch
Pfeffer
Salz

Makkaronirolle
Makaronnyi rulet

für 3-4 Personen

100 g Weißbrot
500 g schieres Fleisch
Öl
1 Ei
1 EL Paniermehl
2 EL Butter
Pfeffer
Salz

für die Füllung:
150 g Makkaroni
Butter

für die rote Sauce:
1 EL Mehl
1½ EL Butter
1 EL Tomatenmark
½ l Fleischbrühe
1 kleine Möhre
1 Petersilienwurzel
1 gehackte Zwiebel
1-2 EL Rotwein

◆ Das Brot in etwas Wasser aufweichen. Mit dem Fleisch durch den Fleischwolf drehen, pfeffern, salzen und auf eine vorher in kaltes Wasser getauchte Serviette legen. Mit dem Messer glattstreichen, bis die Schicht gleichmäßig 1,5 cm dick ist.

Für die Füllung die Makkaroni in Salzwasser kochen, kalt abschrecken, in Butter schwenken und abkühlen lassen. Auf der Hackmasse verteilen. Mit Hilfe der feuchten Serviette die Rouladenenden übereinanderklappen und zusammendrücken. In einer Pfanne etwas Öl erhitzen. Die Roulade vorsichtig von der Serviette rollen und mit der Nahtstelle nach unten in die Pfanne legen. Mit dem verschlagenen Ei bestreichen, das Paniermehl darüberstreuen und mit der zerlassenen Butter beträufeln. An einigen Stellen mit der Gabel einstechen und 30 bis 40 Minuten in den auf 180° vorgeheizten Backofen stellen.

Für die rote Sauce das Mehl in 1 EL Butter dunkelbraun rösten, mit dem Tomatenmark vermischen und mit der Fleischbrühe ablöschen. Die Möhre und die Petersilienwurzel raspeln oder sehr klein schneiden und mitsamt der Zwiebel einige Minuten in der restlichen Butter andünsten. Der Sauce beifügen. Bei schwacher Hitze, am besten auf einem Spezialuntersetzer, 15 bis 20 Minuten köcheln, dabei mehrfach umrühren. Die Sauce salzen, mit dem Rotwein abschmecken und durchseihen.

Die gegarte Roulade in Portionen schneiden, auf eine Platte legen und die rote Sauce darübergießen.

Tuchum-dulma stammt aus Usbekistan.

◆ Das Brot in etwas Wasser aufweichen, herausnehmen und ausdrücken. Mit dem Rindfleisch und der Zwiebel durch den Fleischwolf drehen, pfeffern, salzen und noch einmal durch den Wolf drehen (Hackfleisch nur einmal).

Die Eier in die Fleischmasse stecken, diese im Paniermehl wenden und in siedendem Fett schwimmend braten.

Für die rote Sauce das Mehl in ½ EL Butter dunkelbraun rösten, mit dem Tomatenmark vermischen und mit der Fleischbrühe ablöschen. Die Möhre und die Petersilienwurzel raspeln oder sehr klein schneiden und mitsamt der Zwiebel einige Minuten in der restlichen Butter andünsten. Der Sauce beifügen. Bei schwacher Hitze, am besten auf einem Spezialuntersetzer, 15 bis 20 Minuten köcheln, dabei mehrfach umrühren. Die Sauce salzen, mit dem Rotwein abschmecken und durchseihen.

Die Eier-Fleisch-Kugeln mit der roten Sauce begießen und mit den in Scheiben geschnittenen Tomaten garnieren.

Gefüllter Hackbraten
Tuchum-dulma

für 3-4 Personen

100 g Weißbrot
400 g Rindfleisch oder
    Hackfleisch vom Rind
1 grobgehackte Zwiebel
4 hartgekochte Eier
Paniermehl
Fett
5 Tomaten
Pfeffer
Salz

für die rote Sauce:
½ EL Mehl
1 EL Butter
½ EL Tomatenmark
¼ l Fleischbrühe
½ kleine Möhre
½ Petersilienwurzel
1 kleine, gehackte Zwiebel
1 EL Rotwein

Hackfleischspieße
Ljulja-kebab

für 4 Personen

500 g Hammelfleisch
100 g Hammelfett
2 grobgehackte Zwiebeln
1 TL getrocknete Minze
1 TL getrocknetes Basilikum
Pfeffer
Salz

Ljulja-kebab ist eine Spezialität aus Aserbaidschan.

◆ Das Hammelfleisch durch den Fleischwolf drehen, die Hälfte des Hammelfetts mit den Zwiebeln ebenfalls. Schließlich alles zusammen ein zweites Mal in den Wolf geben. 15 Minuten durcharbeiten, bis eine zähe Masse entsteht. Mit der Minze, dem Basilikum und ½ TL Pfeffer würzen, salzen und 30 Minuten kaltstellen.
Das übrige Hammelfett in Würfel schneiden.
Mit in kaltes Wasser getauchten Händen das Hackfleisch zu 10 bis 15 cm langen Würstchen formen, auf dicke Spieße stecken und zu beiden Seiten der Würstchen jeweils Hammelfettstücke aufspießen. Über glühenden Holzkohlen grillen.

Beilagen
Reis, Rohkostsalat

Bemerkung
Die Spieße können auch auf einem Grillgerät oder in der Pfanne gebraten werden.

Fleisch-Kartoffel-Auflauf
Mjasnaja zapekanka

für 3-4 Personen

500 g schieres Rindfleisch
Bratfett
1-2 mittelgroße,
   gehackte Zwiebeln
2 EL Butter
1 EL Tomatenmark
100 ml Fleischbrühe
   oder heißes Wasser
500 g Kartoffeln
3 Eier
4 EL Milch
gehackte frische Petersilie
Pfeffer
Salz

◆ Das Fleisch waschen, enthäuten und Sehnen, eventuell auch Knochen, entfernen. In Stücke schneiden, durch den Fleischwolf drehen und in einer Pfanne in etwas Fett leicht anbraten.
Die Zwiebeln in der Butter braten. Das Tomatenmark beifügen, mit der Fleischbrühe oder Wasser ablöschen, pfeffern und salzen. Zudecken und bei schwacher Hitze 20 Minuten dünsten.
Die Kartoffeln schälen, in kleine Würfel schneiden und salzen. In einer Pfanne etwas Fett erhitzen und die Kartoffeln darin braten.
Den Boden einer feuerfesten Form dünn mit Bratkartoffeln belegen, darauf die angebratene Hackmasse verteilen und mit einem Messer glätten. Die Eier mit der Milch verschlagen und über das Fleisch gießen. 5 bis 10 Minuten in dem auf 180° bis 200° vorgeheizten Ofen überbacken.
Vor dem Servieren mit Petersilie bestreuen.

◆

Fischgerichte
Rybnyje bljuda

◆

Das alte Rußland war reich an verschiedensten Fischarten, von der einfachen Karausche bis zu Stören, Lachsen und Beluga. Daher bildete Fisch seit jeher die kulinarische Grundlage der russischen Küche. Er war nicht nur an den unzähligen Fastentagen unentbehrlich, sondern nahm seit der Entstehung des Rus-Reiches und bis in das 19. Jahrhundert einen zentralen Platz auf dem täglichen Eßtisch auch der Bauern ein. So führte ein russisches Kochbuch aus dem Jahre 1901 allein im Kapitel »Hecht« 21 Rezepte auf. Im Zarenpalais im Kreml wurden bei großen Festmahlen mehrere Dutzend Kilogramm im Ganzen gegarter und phantasievoll geschmückter Störe von zwei bis vier Männern aufgetragen.

Im 20. Jahrhundert ging diese tausendjährige Herrschaft des Fisches in der russischen Küche zu Ende. Dafür gibt es viele Gründe, etwa die Zerstörung der patriarchalen Lebensweise, die beiden Weltkriege, politische Turbulenzen, die Industrialisierung des Landes und die damit verbundenen sozialen Umschichtungen, das starke Bevölkerungswachstum sowie die zunehmende ökologische Belastung der Gewässer.

Die Russen verwendeten in ihrer Küche traditionell hauptsächlich Süßwasserfische. Nun gingen diese Fischbestände rasch zurück, die Fischfangflotte im Eismeer wurde ausgebaut, und auf den Markt kamen nahezu unbekannte, oft auch völlig neue Seefischarten. Der Mangel an Information, selbst bei professionellen Köchen, führte dazu, daß ein Großteil der Bevölkerung Seefische auf die von altersher gewohnte Art zubereitete, die sich jedoch nur für Süßwasserfische eignete. Also schmeckten den Russen die Seefische nicht, und besonders in den öffentlichen Kantinen und Imbißstuben wurden sie nur als Notlösung akzeptiert. Unverdiente Verachtung traf auch *frutti di mare* wie Hummer, Garnelen und Tintenfisch. Dies hing vermutlich damit zusammen, daß diese Produkte immer sehr frisch sein müssen, was in Rußland mit seinen enormen Entfernungen und seiner mangelhaften Handelskultur nicht leicht zu bewerkstelligen war.

Die im vorliegenden Kapitel aufgeführten Rezepte stammen sowohl aus alter als auch aus moderner Kochtradition. In der russischen Küche werden fünf Grundarten von Fischhauptgerichten unterschieden:

◆ gekochter Fisch, der im Ganzen oder in großen Stücken in Wasser gekocht wird

◆ *Telnoje*, filetierter Fisch , der mit einer Hülle aus Mehl oder Ei umgeben wird

◆ gedämpfter Fisch, den man in der Regel am Stück im Wasserdampf dünstet

◆ Bratfisch, der in der Regel, das heißt: wenn die Fische klein sind, am Stück unter Verwendung von Mehlpanade und saurer Sahne zubereitet wird

◆ gebackener oder vielmehr geschmorter Fisch, der über längere Zeit im gründlich vorgeheizten Backofen garen muß

Ein wichtiger Bestandteil der Fischgerichte sind verschiedene Saucen. Sie werden am Ende dieses Kapitels aufgeführt.

Grundrezept:
Gekochter Fisch
Ryba otwarnaja

für 5-6 Personen

1 kg große Fische
   oder Fisch am Stück
3-4 Tassen Salzgurkenlake
   (siehe Rezept »Salzgurken«)
   oder Wasser
½-1 Zwiebel
½ Petersilienwurzel
6 schwarze Pfefferkörner
3-4 Fäden Safran
Salz

◆ Den Fisch oder die Fische entschuppen und die Flossen abschneiden, Haut und Mittelgräte dabei erhalten. In große Stücke schneiden.

Diese in einem flachen Emailletopf dicht nebeneinander aufreihen und mit der Salzgurkenlake oder Wasser knapp bedecken. Die Zwiebel und die zerkleinerte Petersilienwurzel hinzufügen, mit den zerdrückten Pfefferkörnern und dem Safran würzen, salzen. Je nach Fischart den Topf mit einem Deckel verschließen und kochen. Sobald sich die Mittelgräte vom Fleisch löst, ist der Fisch gar. In der Salzgurkenlake können nacheinander mehrere Fischportionen gekocht werden.

Kochfisch kann man kalt oder heiß servieren.

Beilagen
◆ zu heißem Fisch: Salzkartoffeln oder Kartoffelpüree mit Dill, Zwiebeln, Oliven, gekochte Pilze in saurer Sahne
◆ zu kaltem Fisch: Meerrettich, eingelegte Gurken, Rote Bete oder Salz-Zitronen (siehe Rezept), grüner Salat und Saucen

Bemerkungen
◆ Man kann zum Beispiel Stör, Hecht, Kabeljau und Wels verwenden. Am besten geeignet sind große Fische mit wenig Gräten.
◆ Die Kochdauer hängt von der Fischart und von der Größe der Fischstücke ab. Knorpelfisch (wie die unterschiedlichen Störarten) wird 20 bis 25 Minuten, Fluß- und Teichfisch aus Sibirien 25 bis 30 Minuten, Flußfisch aus europäischen Gewässern 12 bis 15 Minuten und Seefisch 8 bis 12 Minuten gekocht.
◆ Kleine Fischstücke oder Seefisch werden ohne Deckel und bei starker Hitze gekocht, die übrigen Fischarten mit Deckel und bei mäßiger Hitze.

Telnoje ist ein altrussisches Gericht. Man unterscheidet grundsätzlich ganzes und gehacktes *Telnoje*. Für ganzes *Telnoje* eignen sich insbesondere kleinere Fische mit einer Länge von 30 bis 35 cm, für gehacktes *Telnoje* Fische nach Belieben, auch Fischfilets. Verwendet werden sowohl Fluß- als auch Seefische.

Telnoje

◆ Die Fische entschuppen, ausnehmen und die Flossen abschneiden. Längs der Mittelgräte halbieren, die Haut nicht abziehen. Jede Fischhälfte entgräten, fest zusammenrollen und mit Faden umwickeln. In dem Mehl wenden und dicht nebeneinander in eine Serviette aus Mull, Nessel, Leinen oder in ein speziell dafür genähtes Säckchen legen. Mit grobem Garn gut zubinden.
1¼ l Wasser zusammen mit der Zwiebel, der zerkleinerten Petersilienwurzel, den Lorbeerblättern, den zerdrückten Pfefferkörnern, den Anis- oder Fenchelsamen und 2 gehäuften TL Salz zum Kochen bringen. 10 bis 15 Minuten köcheln, dann das Säckchen mit dem Telnoje hineingeben und 15 Minuten kochen.
Herausnehmen, in dem Säckchen einige Minuten abkühlen lassen und warm auftragen.

**Grundrezept:
Ganzes Telnoje**
Telnoje celikowoje

für 4-5 Personen

750 g Fische von je 25-30 cm
    Länge
2 EL Mehl
½ gehackte Zwiebel
½ Petersilienwurzel
2-3 Lorbeerblätter
8 schwarze Pfefferkörner
¼ TL Anis- oder
    Fenchelsamen
Salz

Beilage
Salzkartoffeln

Fisch in Pergament
Ryba, otwarennaja
w pergamente

für 3-4 Personen

500 g Fischfilet
2 EL Butter
1 Möhre oder 1 Zwiebel
1 EL Zitronensaft
1-2 EL gehackte frische
   Petersilie oder Dill
kochendes Wasser
Pfeffer
Salz

eine der Saucen
zu Fischgerichten
(siehe Rezepte)

◆ Das Fischfilet in große Stücke schneiden. 1 EL Salz mit 1 Tasse Wasser verrühren und die Fischstücke 5 Minuten darin einlegen. Herausnehmen und abtropfen lassen.
Pergamentpapier mit Butter einfetten und das Filet darauflegen. Die restliche Butter mit einer Prise Pfeffer mischen und den Fisch damit bestreichen. Die Möhre oder Zwiebel reiben und über dem Fisch verteilen, mit dem Zitronensaft beträufeln und mit der Petersilie oder dem Dill bestreuen. Pfeffern und salzen. Das Papier falten und mit Garn gut zusammenbinden.
Eine Kasserolle zu zwei Dritteln mit kochendem Wasser füllen und den Fisch hineingeben. 15 bis 20 Minuten bei reduzierter Hitze köcheln.
Den Fisch aus dem Papier nehmen und auf einen vorgewärmten Teller legen. Vor dem Servieren mit einer Sauce nach Wahl übergießen.

Beilagen
Salzkartoffeln, frische Salzgurken

Bemerkung
Für dieses Gericht eignen sich unter anderem Brachse, Zander, Schleie oder Dorsch.

Wels in Salzgurkenlake
Som w rassole

für 3-4 Personen

500 g Wels am Stück
2 Salzgurken (siehe Rezept)
200 g frische Pilze
300 ml Fischbrühe
   oder Wasser
1 EL Salzgurkenlake
   (siehe Rezept »Salzgurken«)
1 EL Mehl
2 EL Butter
Pfeffer
Salz

◆ Den Fisch waschen und in große Stücke schneiden.
Die Gurken schälen, längs in je zwei Hälften schneiden, die Kerne herausschaben und jede Hälfte in drei Teile schneiden.
Die Pilze in Scheiben schneiden.
Die Fischstücke in einen niedrigen Topf legen, die Pilze und die Gurken dazwischen verteilen. Pfeffern, salzen, die Fischbrühe oder Wasser sowie die Salzgurkenlake darübergießen, zudecken und 15 bis 25 Minuten dünsten.
Dann die Fischbrühe in einen anderen Topf abgießen und auf etwa 1½ Tassen Flüssigkeit einkochen. Das Mehl mit der Butter schaumig schlagen und der Brühe zugeben. Unter Rühren weitere 3 bis 4 Minuten kochen.

Den Fisch mit Pilzen und Gurkenstückchen belegt auf einer vorgewärmten Platte anrichten und mit der Sauce übergießen.

Beilage
Salzkartoffeln

Varianten
◆ Statt des Wels Stör oder Heilbutt verwenden.
◆ Die frischen Pilze durch Salzpilze (siehe Rezepte) ersetzen.

◆ Die Äpfel schälen und die Gehäuse entfernen. Den Porree waschen und die grünen Teile entfernen. Äpfel und Porree in rund 2 cm lange Stücke schneiden. Eine Pfanne einfetten und beides hineinschichten. Den Fisch in große Stücke schneiden und darauflegen. Pfeffern und salzen. Etwas von der Fischbrühe und den Weißwein hinzufügen und 15 bis 20 Minuten bei geringer Hitze garen. Den Fisch häufig übergießen.
Den Rest der Brühe in einen kleinen Topf abgießen und eindampfen lassen. Mit der sauren Sahne gut verrühren und über den Fisch gießen.

Beilage
Salzkartoffeln

Varianten
◆ Statt der Scholle Heilbutt verwenden.
◆ Die saure Sahne durch zerlassene Butter ersetzen.

Scholle mit Äpfeln
Kambala s jablokami

für 5-6 Personen

500 g Äpfel
2 Stangen Porree
Bratfett
800 g Scholle
    oder Schollenfilet
125 ml Fischbrühe
4 EL Weißwein
250 g saure Sahne
Pfeffer
Salz

Rotbarschfilet in Milch
File morskowo okunja,
otwarennoje w moloke

für 3 Personen

500 g Rotbarschfilet
1 EL Butter
1½ EL Paniermehl
200-300 ml Milch
gehackter frischer Dill
    oder Petersilie
Salz

◆ Das Fischfilet in große Stücke schneiden und salzen. In einer Kasserolle die Butter zerlassen, das Paniermehl hineinstreuen und unter ständigem Rühren die Milch zugießen. Aufkochen, die Filetstücke hineingeben und mit Dill oder Petersilie nach Geschmack bestreuen. Zudecken und garen. Falls die Sauce nicht dick genug ist, nach dem Herausnehmen des Fischfilets einkochen.
Den Fisch auf eine Platte legen und mit der Sauce übergießen.

Beilagen
Salzkartoffeln, nicht zerlassene Butter

Bückling in Sauerrahm
Koptschonaja
seld w smetane

für 4 Personen

500 g geräuchertes
    Bücklingsfilet
250 g saure Sahne
2-3 mittelgroße Zwiebeln
Pfeffer
Salz

◆ Die Bücklinge enthäuten.
Die saure Sahne zum Kochen bringen. Die Zwiebeln reiben und in die saure Sahne geben. Pfeffern und salzen. Erneut aufkochen.
Die Filets in die saure Sahne geben und 8 bis 10 Minuten ziehen lassen.

Beilagen
Salzkartoffeln oder Kartoffelpüree, Gurken, Tomaten- oder gemischter Salat

Variante
Das Bücklingsfilet durch geräuchertes Heringsfilet ersetzen.

Schtschsuka po-russki ist ein russisches Festgericht.

◆ Den Fisch in große Stücke schneiden, in einen Topf geben, salzen und mit dem kochenden Wasser überbrühen. Die Pilze und das Lorbeerblatt beifügen und garen.
Die Möhre und die Petersilienwurzel in Stücke schneiden, salzen und in wenig Wasser kochen.
Die Salzgurken häuten, die Kerne entfernen, würfeln und getrennt kochen.
Die gegarten Pilze aus der Fischbrühe nehmen und zerschneiden.
Für die Sauce alles Gemüse mit den Pilzen vermengen, das Tomatenmark, die Kapern und 1 Tasse durchgesiebte Fischbrühe beifügen. Nach Geschmack mit Zucker und Salz abschmecken. Erwärmen.
Den Fisch auf eine Platte legen und mit Sauce übergießen. Mit der in Scheiben geschnittenen Zitrone, einigen Petersilienstengeln und Oliven garnieren.

Variante
Statt des Hechts Wels, Zander oder Aalrutte verwenden.

Hecht auf russische Art
Schtschsuka po-russki

für 4 Personen

600 g Hecht
600 ml kochendes Wasser
5 frische Steinpilze
1 Lorbeerblatt
1 Möhre
1 Petersilienwurzel
2 Salzgurken (siehe Rezept)
2-3 EL Tomatenmark
1½ EL Kapern
Zucker
¼ Zitrone
frische Petersilie
75-100 g Oliven
Salz

Gedämpfter Fisch
Ryba parowaja

Gedämpfter Fisch wird in einem besonderen Fischkessel zubereitet. Dazu setzt man auf etwa einem Viertel der Kesselhöhe ein Gitter ein. Der Kesselboden wird mit Wasser bedeckt, das aber nicht ganz bis zum Gitter reichen darf. Häufig würzt man das Wasser mit Zwiebel und Lorbeerblatt. Auf das Gitter wird der Fisch gelegt, und zwar entweder unzerkleinert oder in große Stücke zerteilt. Im gut verschlossenen Kessel wird der Fisch dann 25 bis 30 Minuten über einer starken Flamme gedämpft. Statt des authentischen Fischkessels könnte auch ein Dampfkochtopf mit gelöchertem Einsatz verwendet werden. Die Rezepte gelingen übrigens auch, wenn man den Fisch unmittelbar in das Wasser legt und bei schwacher Hitze ziehen läßt.

Der gegarte Fisch wird mit gehacktem frischen Dill, manchmal mit schwarzem Pfeffer bestreut. Beilagen sind Salzkartoffeln oder Kartoffelpüree mit Dill, Zwiebeln, Oliven sowie gekochte Pilze in saurer Sahne.

Gedünsteter Stör
Osetrina parowaja

für 4 Personen

500 g Stör
200 g frische Champignons
   oder Steinpilze
3 EL weißer Tischwein
1½ Tassen Fischbrühe
   oder Wasser
1 EL Mehl
2 EL Butter
Pfeffer
Salz

◆ Den Fisch putzen, überbrühen, waschen und in große Stücke schneiden. In einen flachen Topf geben. Die Pilze waschen, in Scheiben schneiden und zwischen die Fischstücke legen.
Pfeffern, salzen, den Wein und die Fischbrühe oder das Wasser darübergießen. Zudecken und 15 bis 20 Minuten dünsten.
Nach dem Garen die Brühe in einen anderen Topf abgießen und auf 1½ Tassen Flüssigkeit einkochen. Das Mehl mit 1 EL Butter und 1 EL Brühe vermengen und in die Brühe einrühren. Unter Rühren noch 3 bis 4 Minuten kochen.
Die Sauce vom Herd nehmen, die restliche Butter hineingeben und gut umrühren. Salzen und durchseihen.
Die Fischstücke auf eine vorgewärmte Platte legen, darauf die Pilze verteilen und mit der Sauce übergießen.

Alltäglicher
Warenverkauf aus
dem LKW

Eiswaffeln

Schwämme,
Haselnüsse und
Reisigbesen

Beilagen
Kartoffeln, Salat, Gurken, Zitronenscheiben

Variante
Statt des Weins kann Wasser genommen werden.
In diesem Fall der zubereiteten Sauce 1 TL Zitronensaft beifügen.

◆ Das Filet in große Stücke schneiden, überbrühen und kalt abspülen.
Die Pilze in Scheiben schneiden.
Die Filetstücke in einen Topf legen, die Pilze dazwischen verteilen, pfeffern und salzen. Den Weißwein mit der Fischbrühe oder dem Wasser und dem Tomatenmark verrühren und über den Fisch gießen. Zudecken und 15 bis 25 Minuten bei geringer Hitze dünsten.
Die Fischbrühe in einen anderen Topf abgießen und auf etwa 1½ Tassen Flüssigkeit einkochen. Das Mehl mit der Butter schaumig schlagen und der Brühe beifügen. Unter Rühren weitere 3 bis 4 Minuten kochen.
Den Fisch mit den Pilzen auf einer Platte anrichten und mit der Sauce übergießen.

Beilagen
Salzkartoffeln, Salzgurken

Varianten
Den Rotbarsch durch Seelachs, Dorsch oder Kabeljau ersetzen.

Tomaten-Rotbarsch mit Pilzen
Morskoj okun w tomate s gribami

für 3-4 Personen

500 g Rotbarschfilet
200 g frische Champignons
    oder Steinpilze
3 EL Weißwein
1½ Tassen Fischbrühe
    oder Wasser
3 EL Tomatenmark
1 TL Mehl
2 EL Butter
Pfeffer
Salz

Dorsch mit Kartoffeln und Zwiebeln
Treska s kartofelem i lukom

für 6 Personen

750 g Dorschfilet
300 g Tomaten
800 g Kartoffeln
4 EL Butter
2 gehackte Zwiebeln
gehackte frische Petersilie
1 EL Weinessig
Pfeffer
Salz

◆ Die Filetstücke in große Stücke schneiden und salzen. Die Tomaten in Scheiben schneiden, pfeffern und salzen.

Die Kartoffeln schälen, in dicke Scheiben schneiden, leicht salzen und in 2 EL Butter kurz anbraten.

Die Zwiebeln in 1 EL Butter leicht anrösten. In eine feuerfeste Form geben. Die Filetstücke und die Tomatenscheiben darauflegen. 3 bis 4 EL Wasser hinzufügen. Die Kartoffelscheiben darum herumlegen und mit der restlichen, zerlassenen Butter beträufeln. Zudecken und 20 bis 30 Minuten in dem auf 160° bis 180° vorgeheizten Backofen garen.

Vor dem Servieren Petersilie darüberstreuen und mit dem Essig beträufeln.

Varianten
Statt des Dorschs Filet von Scholle, Hecht, Aal oder Barbe verwenden.

◆ Das Fischfilet durch den Wolf drehen. Das Weißbrot in der Milch einweichen und wieder ausdrücken. Mit dem Fisch vermischen, pfeffern und salzen. 2 EL zerlassene Butter unter die Masse mengen. Frikadellen von 5 cm Durchmesser formen und auf einem mit ½ EL Butter bestrichenen Topfboden verteilen. Sie sollten nicht übereinander liegen.

Die Champignons in Stücke schneiden. Zwischen den Fischklößen im Topf verteilen. 1 EL zerlassene Butter darüberträufeln, den Weißwein und so viel Fischbrühe oder Wasser zugießen, daß die Frikadellen zu drei Vierteln in Flüssigkeit schwimmen. Zudecken und 15 bis 20 Minuten dünsten.

Wenn die Frikadellen gar sind, den Sud vorsichtig abgießen. Eine Mehlschwitze aus 1 EL Butter und dem Mehl bereiten und mit dem Sud ablöschen. Die Sauce 3 bis 5 Minuten kochen, dann vom Herd nehmen. Das Eigelb mit 1½ bis 2 EL Butter verrühren und der Sauce beifügen. Umrühren, salzen und durchseihen.

Die Fischfrikadellen auf eine vorgewärmte Platte legen, die Pilze um die Frikadellen herum arrangieren. Über beides die Sauce gießen.

Beilagen
Butterbohnen, die um den Fisch gelegt werden; Salzkartoffeln oder Kartoffelpüree

Bemerkung
Für dieses Rezept eignen sich Zander, Hecht, Aalrutte, Wels oder Kabeljau.

Fisch-Bitki mit Champignons
Parowyje bitki iz ryby s schampinjonami

für 3-4 Personen

500 g Fischfilet
100 g Weißbrot ohne Rinde
125 ml Milch
6-6½ EL Butter
200 g frische Champignons
200 ml weißer Tischwein
heiße Fischbrühe oder Wasser
1 EL Mehl
1 Eigelb
Pfeffer
Salz

Gefüllter Fisch
Ryba farschirowannaja

für 8-10 Personen

1 großer Fisch (2-3 kg)
5 große Zwiebeln
100-200 g Weißbrot
2 Eier
1 EL Zucker
1 EL Pflanzenöl
2 Rote Bete
3 Möhren
Pfeffer
Salz

◆ Den Fisch schuppen, den Kopf abschneiden und ausnehmen, ohne den Bauch aufzuschneiden. Kalt waschen und mehrmals schräg teilen.

Aus jedem Stück das weiche Fleisch herauslösen, ohne die Haut zu beschädigen. 2 Zwiebeln hacken. Das Weißbrot in Wasser einweichen und ausdrücken. Mit dem weichen Fischfleisch und den gehackten Zwiebeln durch den Wolf drehen. Die Eier, den Zucker und das Öl untermischen. Pfeffern, salzen und alles gut durchkneten.

Die einzelnen Fischstücke mit dieser Masse an den Stellen füllen, wo das Fleisch herausgeschnitten wurde. Die Füllung mit einem in Wasser getauchten Messer glätten.

Die restlichen Zwiebeln schälen, die einzelnen Zwiebelschichten voneinander trennen und gut waschen. Die Rote Bete und die Möhren in Scheiben schneiden. Zwiebelhäute, Rote Bete und Möhren vermischen. Einen Teil davon auf einen mit Fett bestrichenen Topfboden legen. Abwechselnd gefüllte Fischstücke und Gemüse übereinanderschichten, mit einer Gemüseschicht abdecken.

So viel kaltes Wasser zugießen, daß alles gerade bedeckt ist. Den Topf mit einem Deckel schließen, den Inhalt aufkochen und bei geringer Hitze eineinhalb bis zwei Stunden garen. Darauf achten, daß Fisch und Gemüse nicht anbrennen. Die Oberschicht soll hin und wieder mit der sich bildenden Brühe übergossen werden.

Vor dem Servieren werden Fisch und Gemüse auf einer vorgewärmten Platte angerichtet und mit der durchgeseihten Brühe übergossen.

Bemerkungen
◆ In der Brühe können geschälte Kartoffeln als Beilage gegart werden.
◆ Für das Gericht eignen sich Hecht, Zander, Brachse oder Karpfen.

Der Fisch kann unter Verwendung von wenig Fett oder in Fett getaucht gebraten werden, am besten in einer gußeisernen Pfanne. Als Fett eignen sich Butter, Öl und Margarine. Kleine Fische werden im Ganzen gebraten, große Fische oder Fischfilets in bis zu 3 cm dicke Stücke geschnitten. So wird der Rand nicht gar, bevor das Innere des Stücks durchgebraten ist. Mehrere Fischarten werden auch mit Haut gebraten. Beim Fritieren darf der Fisch nur halb im Öl liegen. Er wird immer auf beiden Seiten gebraten.

◆ Den Fisch putzen, waschen und in Stücke teilen. Die Milch mit etwas Pfeffer und Salz mischen, die Fischstücke darin eintauchen. In dem Mehl wenden und in 1 EL Butter braten.
Die Tomaten halbieren, pfeffern und salzen und in 1 EL Butter braten.
Die Zwiebel in Ringe schneiden und in 1 EL Butter goldgelb dünsten.
Den gegarten Fisch auf eine vorgewärmte Platte legen, jedes Stück mit einigen Zwiebelringen belegen sowie rechts und links mit je einer Tomatenhälfte garnieren. Mit der Butter, in welcher die Fischstücke gebraten wurden, beträufeln, mit Petersilie oder Dill bestreuen.

Beilagen
Salz- oder Bratkartoffeln, gebratene Zucchini mit Tomaten

Varianten
◆ Statt eines Störs 500 g Fischfilet verwenden.
◆ Die frischen durch eingelegte Tomaten ersetzen.

Gebratener Fisch
Sharenaja ryba

Gebratener Stör mit Tomaten
Osetrina sharenaja s pomidorami

für 4 Personen

750 g Stör am Stück
⅓ Tasse Milch
2 EL Mehl
3 EL Butter
4 Tomaten
1 Zwiebel
gehackte frische Petersilie
    oder Dill
Pfeffer
Salz

**Gebratene Karausche
in saurer Sahne**
*Karasi sharenyje
w smetane*

für 5 Personen

1 kg Karausche
2 EL Mehl
Paniermehl
50 g Butter oder
   60 ml Olivenöl
2-3 gehackte Zwiebeln
2 Tassen saure Sahne
Salz

◆ Den Fisch putzen, salzen, in dem Mehl wenden und panieren. In einer Pfanne die Butter oder das Öl erhitzen und den Fisch mitsamt den Zwiebeln darin anbraten, bis der Fisch seine Farbe etwas geändert hat. Dann den Fisch in eine Emaillepfanne legen, mit saurer Sahne bestreichen und in den auf eine mittlere Temperatur vorgeheizten Backofen stellen. Wenn der Fisch goldgelb geworden ist, erneut mit saurer Sahne bestreichen. In den Ofen zurückstellen, mit einem Deckel nicht ganz bedecken und diesen nach 5 Minuten wieder abnehmen. Weitere 25 Minuten backen. In der Pfanne servieren.

Bemerkung
Statt der Emaillepfanne läßt sich eine andere feuerfeste Form verwenden.

Variante
Die Karausche durch Barsch ersetzen.

Schaschlik aus Stör
Osetrina na wertele

für 2 Personen

200 g Stör
1 EL Öl
6 Tomaten
2 EL Butter
2-3 Zwiebeln
gehackter frischer
   Schnittlauch
gehackte frische Petersilie
Pfeffer
Salz

◆ Den Fisch in vier Stücke von je 40 bis 50 g zerteilen. Diese kalt waschen, pfeffern, salzen und auf einen Metallspieß stecken. Über glühender Holzkohle (ohne Flamme) 6 bis 10 Minuten braten, dabei die Fischstücke immer wieder mit Öl bestreichen. Den Spieß drehen, damit die Stücke gleichmäßig durchbraten.
Die Tomaten in Scheiben schneiden und in 1 EL Butter dünsten. Die Zwiebeln in Ringe schneiden und in der übrigen Butter goldgelb rösten.
Die gegrillten Fischstücke vom Spieß nehmen, auf eine vorgewärmte Platte legen und mit den Tomatenscheiben, den Zwiebelringen, dem Schnittlauch und der Petersilie garnieren.

Beilagen
Rohkostsalat, Reis oder Butterbrot

◆ Für den Teig das Mehl mit einer Prise Salz sowie dem Öl oder Butter vermischen. Das Wasser unterrühren, den Teig zudecken und stehen lassen.

Währenddessen das Fischfilet in 1 cm dicke und 5 bis 7 cm lange Scheiben schneiden und diese mit Pfeffer und Petersilie bestreuen. Den Zitronensaft und das Öl über die Filetscheiben träufeln, wenden und 15 bis 20 Minuten ziehen lassen. 15 Minuten vor dem Servieren die Eiweiß steif schlagen und unter den Teig ziehen.

In einer Pfanne das Fett erhitzen. Jedes Filetstück mit einer Gabel aufspießen, in den Teig tauchen und in das sehr heiße Fett legen. Während des Bratens den Topf leicht schwenken und den Fisch immer wieder mit heißem Fett übergießen.

Die gegarten Fischstücke auf einer vorgewärmten und mit einer Serviette ausgelegten Platte anrichten. Am Rand mit Petersilienblättern garnieren.

Beilagen
Kopfsalat und Salzkartoffeln mit Butter, die um den Fisch gelegt werden; Mayonnaise mit Cornichons oder heiße Tomatensauce

Fisch im Teigmantel
Ryba w teste

für 3-4 Personen

500 g Fischfilet
gehackte frische Petersilie
½ Zitrone (Saft)
1 EL Öl
100 g Fett
frische Petersilienblätter
Pfeffer
Salz

für den Teig:
5 EL Mehl
2 EL Öl oder Butter
125 ml warmes Wasser
2 Eiweiß

Geschmorter Fisch
Zapetschonnaja ryba

Geschmorter Fisch wird vor allem aus rohem Fisch zubereitet. Es kann aber auch vorgebratener oder vorgekochter Fisch genommen werden. Geschmort wird der Fisch in einem sehr gut vorgeheizten Backofen. Der Fisch wird mit oder ohne Beilage serviert.

Geschmorter Zander mit Kartoffeln
Sudak, zapetschonnyj s kartofelem

für 5-6 Personen

750 g Zander am Stück
800 g Kartoffeln
2-3 EL Butter
1 EL Mehl
¼ l Fischbrühe
2 EL Paniermehl
gehackte frische Petersilie
Pfeffer
Salz

◆ Den Fisch waschen, längs der Wirbelsäule aufschneiden und quer in Stücke teilen. Pfeffern und salzen. Die Kartoffeln in dünne Streifen schneiden.
Eine tiefe, feuerfeste Form mit Butter einfetten, den Fisch hineinlegen, mit den Kartoffelstreifen belegen und alles salzen. Mit dem Mehl bestäuben und etwas Fischbrühe darübergießen. Mit dem Paniermehl bestreuen und mit der restlichen, zerlassenen Butter beträufeln.
Den Fisch in den auf etwa 200° vorgeheizten Backofen stellen. Je nach Dicke der Kartoffelschicht 20 bis 35 Minuten schmoren. Wenn die Flüssigkeit beim Backen zu rasch verdampft, etwas Fischbrühe oder Wasser nachgießen.
Vor dem Servieren mit Petersilie bestreuen.

Beilagen
Sauerkrautsalat oder Salzgurken (siehe Rezept)

Varianten
◆ Den Zander durch 500 g Fischfilet ersetzen.
◆ Zwischen die Fisch- und Kartoffelschichten angedünstete Zwiebelringe legen.

◆ Den Fisch bzw. das Fischfilet in Stücke von etwa 40 bis 50 g schneiden. Pfeffern und salzen, in 1 EL Mehl wenden und in erhitztem Fett braten.

Die Pilze in Stücke schneiden. 8 bis 10 Minuten in etwas Öl dünsten.

Die Kartoffeln in 5 mm dicke Scheiben schneiden, ebenfalls in Öl dünsten.

Für die Sauce die saure Sahne erhitzen. 1 EL Mehl mit 1 EL Butter vermischen und unter die saure Sahne rühren. 1 bis 2 Minuten kochen, salzen und durchseihen.

Die Eier in Scheiben schneiden.

Die gebratenen Fischstücke in eine tiefe, eingefettete feuerfeste Form geben. Jedes Stück mit Eierscheiben und Pilzen belegen. Am Rand die Kartoffelscheiben anordnen und alles mit der Sahnesauce übergießen. Mit dem Käse bestreuen, mit der restlichen, zerlassenen Butter beträufeln und in den auf 200° vorgeheizten Ofen stellen. 5 bis 6 Minuten überbacken.

Vor dem Servieren mit Petersilie bestreuen.

Beilagen
geschälte Pellkartoffeln, körnig gekochter Reis und reichlich Rohkostsalat

Bemerkung
Für das Gericht eignen sich Stör, Hausen, Zander, Karpfen oder Hecht.

Fisch in saurer Sahne
Ryba w smetane

für 5-6 Personen

750 g Fisch am Stück oder
   500 g Fischfilet
2 EL Mehl
Fett
200 g frische Steinpilze
   oder Champignons
Öl
800 g Kartoffeln
200 g saure Sahne
4 EL Butter
2 hartgekochte Eier
25 g geriebener Käse
gehackte frische Petersilie
Pfeffer
Salz

Fisch mit Breifüllung
*Ryba, farschirowannaja
kaschej*

für 5-6 Personen

750 g Fisch am Stück
1 gehackte Zwiebel
3 EL Butter
2 hartgekochte Eier
Buchweizenbrei aus 100 g
    Buchweizen (siehe Rezept)
1 EL Mehl
200 g saure Sahne
Pfeffer
Salz

◆ Den Fisch putzen, den Kopf vor den Flossen abschneiden und den Fisch ausnehmen, ohne den Bauch aufzuschneiden. Waschen, mit einem Papiertuch außen wie innen abtrocknen und salzen.
Die Zwiebel in 1 EL Butter goldgelb dünsten. Die Eier hacken.
Den Buchweizenbrei mit der Zwiebel, den gehackten Eiern und 1 EL Butter vermengen und den Fisch damit füllen. Den Fisch pfeffern und in dem Mehl wenden. In einer Pfanne die restliche Butter erhitzen und den Fisch darin braten.
Danach den Fisch in einer feuerfesten Form in dem auf etwa 200° vorgeheizten Ofen überbacken. Nach 5 bis 6 Minuten herausnehmen, die saure Sahne darübergießen und weitere 3 bis 5 Minuten in den Ofen stellen. Mit dem sich bildenden Bratenfond übergießen. Die Backzeit hängt von Fischgröße und Backtemperatur ab.
Den Fisch in der feuerfesten Form oder auf einem vorgewärmten Teller servieren.

Beilagen
Gurken oder Eingelegte Äpfel (siehe Rezept)

Bemerkung
Für dieses Gericht eignen sich besonders Karpfen, Karausche oder Gründling.

Bei Seljanka s kisloj kapustoj handelt es sich um ein Altmoskauer Rezept.

Seljanka mit Sauerkraut
Seljanka s kisloj kapustoj

◆ Die Zwiebel in 2 EL Butter dünsten, das Sauerkraut dazugeben, zudecken und weiterdünsten. Die eingelegten Äpfel schälen, in Stücke schneiden und etwas später hinzufügen. Umrühren und weiterdünsten. Das Mehl unterrühren.

Den Fisch ausnehmen, waschen, in große Stücke schneiden und in der übrigen Butter braten.

Das Sauerkraut abwechselnd mit den Fischstücken in eine niedrige feuerfeste Form schichten, dabei den Fisch immer wieder pfeffern und mit Petersilie oder Dill bestreuen. Mit der gewürfelten Salzgurke und den Marinadepilzen belegen, mit dem Fischbratenfond begießen und in dem auf 200° vorgeheizten Ofen überbacken.

Vor dem Servieren mit dem Paniermehl bestreuen und heiß auftragen.

für 5-6 Personen

1 gehackte Zwiebel
4 EL Butter
700 g Sauerkraut
2-3 Eingelegte Äpfel
  (siehe Rezept)
1 EL Mehl
750 g Fisch am Stück
gehackte frische Petersilie
  oder Dill
1 Salzgurke (siehe Rezept)
einige Salzpilze
  (siehe Rezepte)
Paniermehl
Pfeffer
Salz

Bemerkung
Für dieses Gericht eignen sich Hecht, Zander oder Stör.

Saucen zu Fischgerichten
Sosy k rybnym bljudam

Für die Zubereitung der Saucen werden Bratenfond oder Fischbrühe sowie Köpfe und Gräten
der Fische verwendet. Der Kopf ohne Kiemen,
die Flossen und die Rückengräten werden gut ge-
waschen, in einer Kasserolle mit ½ l kaltem
Wasser übergossen. Man gibt eine Zwiebel und
eine gewürfelte Petersilienwurzel hinzu, kocht
die Fischteile aus und seiht die Brühe durch.

Weiße Sauce
Sos belyj

1 EL Mehl
2 EL Butter
½ l Fischbrühe
1-2 EL Zitronensaft
    oder Salzgurkenlake
    (siehe Rezept »Salzgurken«)
Salz

◆ Aus dem Mehl und 1 EL Butter eine helle
Mehlschwitze bereiten, die Fischbrühe dazugießen, gut umrühren und 4 bis 5 Minuten kochen.
Salzen, vom Herd nehmen und mit dem Zitronensaft oder Salzgurkenlake abschmecken. Die
restliche Butter untermengen und durchseihen.

Bemerkung
Eignet sich als Beilage zu gedämpftem Fisch oder
Fisch in Salzgurkenlake.

Weißweinsauce
Sos »Beloje wino«

1 Petersilienwurzel
1 mittelgroße,
    gehackte Zwiebel
2 EL Butter
1 EL Mehl
½ l Fischbrühe
1 Eigelb
1-2 EL Weißwein
Zitronensaft
Salz

◆ Die Petersilienwurzel in Stücke schneiden. Mit
der Zwiebel in 1 EL Butter anbraten, das Mehl
hinzufügen und goldgelb anschwitzen. Mit der
Fischbrühe ablöschen, gut umrühren, salzen und
4 bis 6 Minuten kochen.
Das Eigelb mit 1 bis 2 EL Wasser verquirlen. Die
Sauce vom Herd nehmen, das Eigelb sowie die
restliche Butter gut unterrühren und die Sauce
durchseihen.
Mit dem Weißwein und einigen Tropfen Zitronensaft abrunden.

Bemerkung
Eignet sich als Beilage zu gedämpftem Fisch.

◆ Die Eier hacken. Die Butter zerlassen und mit den Eiern und der Petersilie vermengen, mit einigen Tropfen Zitronensaft abschmecken und leicht salzen. Mit der Fischbrühe verrühren und aufkochen.
Die Sauce über den zubereiteten Fisch gießen oder gesondert reichen.

Bemerkung
Eignet sich als Beilage zu Kochfisch.

Ei-Butter-Sauce
Jajtschno-masljanyj sos

2 hartgekochte Eier
100 g Butter
1 Bund gehackte frische Petersilie
Zitronensaft
½ l Fischbrühe
Salz

◆ Die Petersilienwurzel und die Möhre in Stücke schneiden. Mit der Zwiebel vermengen, mit dem Mehl bestäuben und in 1 EL Butter anbraten. Das Tomatenmark unterrühren, mit der Fischbrühe ablöschen, salzen und 10 Minuten bei geringer Hitze köcheln.
Die Sauce vom Herd nehmen, die restliche Butter untermengen und durchseihen.

Bemerkung
Eignet sich als Beilage zu gekochtem und gedämpftem Fisch.

Tomatensauce
Sos tomatnyj

½ Petersilienwurzel
½ Möhre
½ gehackte Zwiebel
1 EL Mehl
2 EL Butter
3 EL Tomatenmark
½ l Fischbrühe
Salz

◆ Die Petersilienwurzel und die Möhre in Stücke schneiden. Mit der Zwiebel vermengen und in 1 EL Butter anbraten. Mit der Fischbrühe und dem Rotwein ablöschen und 20 bis 30 Minuten kochen.
Die Zitrone schälen und in Scheiben schneiden. Die Sauce schwach salzen, den geriebenen Lebkuchen und die gewaschenen Sultaninen, die Zitronenscheiben sowie das mit Essig vermischte Karpfenblut zugeben. Mit Salz und Zucker oder Sirup abschmecken und mit dem kalt angerührten Mehl binden.

Bemerkung
Besonders geeignet ist Fischbrühe vom Karpfen.

Polnische Sauce
Sos polski

½ Petersilienwurzel
½ Möhre
½ gehackte Zwiebel
1 EL Butter
¼ l Fischbrühe
¼ l Rotwein
½ Zitrone
50 g Lebkuchen
10 g Sultaninen
2 EL Essig
1-2 EL Karpfenblut
Zucker oder Sirup
1 EL Mehl
Salz

Geflügel
Prica

Huhn in weißer Sauce
Kuritza w belom souse

für 3 Personen

1 junges Huhn
   oder Hähnchen
heißes Wasser
1 Möhre
1 Petersilienwurzel
Salz

für die Sauce:
1 EL Mehl
2 EL Butter
375 ml Hühnerbrühe
Zitronensaft
gehackte frische Petersilie
   oder Kapern

◆ Das Huhn waschen, trocknen und in heißem, schwach gesalzenem Wasser zugedeckt zum Kochen bringen. 40 Minuten kochen.
Die Möhre und die Petersilienwurzel grob zerkleinern und dem Huhn beifügen. Bei reduzierter Hitze weitergaren.
Für die helle Sauce aus dem Mehl und 1 EL Butter eine helle Mehlschwitze bereiten, die Hühnerbrühe dazugießen, gut umrühren und 4 bis 5 Minuten kochen. Salzen, vom Herd nehmen, einige Tropfen Zitronensaft, nach Geschmack Petersilie oder Kapern zufügen und die restliche Butter untermengen.
Das Huhn in zwei Keulen und zwei Bruststücke zerlegen oder nach Belieben in kleinere Stücke schneiden und auf einer Platte anrichten. Mit der hellen Sauce übergießen.

Beilage
körnig gekochter Reis

Bemerkung
Aus der restlichen Hühnerbrühe läßt sich zusammen mit dem kleingeschnittenen Gemüse eine Suppe kochen.

Kiewer Hühnerkotelettchen
Kotlety po-kiewski

für 4 Personen

4 Hühnerschnitzel
geriebene Muskatnuß
20 ml Wodka
40 g Butter
1 Ei
Paniermehl
Öl
gehackte frische Petersilie
Pfeffer
Salz

◆ Die Schnitzel auf beiden Seiten mit Salz, Pfeffer und wenig Muskatnuß einreiben und mit dem Wodka beträufeln.
In jedes Schnitzel ein kleines Stück Butter einrollen und mit Holzstäbchen feststecken. Das Ei verschlagen und die Röllchen darin und in dem Paniermehl wenden. Genügend Öl erhitzen und das Fleisch darin schwimmend ausbacken. Mit Petersilie bestreuen.

Beilage
körnig gekochter Reis

Cypljonok tapaka war ursprünglich ein armenisches Gericht. Das Hähnchen wird in einer breiten Bratpfanne, der sogenannten tapa, zubereitet. Der Deckel wird während des Bratens beschwert und so das Hähnchen flachgedrückt. Er sollte einen kleineren Durchmesser haben als die Pfanne, damit der Dampf entweichen kann.

◆ Das Hähnchen ausnehmen, waschen und gut trocknen. Längs der Brust auftrennen, umdrehen und breitdrücken (dazu leicht mit einem Fleischklopfer flachschlagen). Die Enden der Beine und Flügel in Hauteinschnitte auf der Brust stecken, damit sie während des Bratens nicht abstehen.

Von beiden Seiten mit Pfeffer, dem zerstoßenen Knoblauch, dem Paprika und Salz einreiben und in eine Pfanne mit der heißen Butter legen. Auf das Hähnchen einen flachen Teller oder Deckel setzen, der zusätzlich mit einem Stein oder einem anderen Gegenstand beschwert wird, damit das Hähnchen dicht am Pfannenboden anliegt.

Bei mittlerer Hitze von beiden Seiten etwa 30 Minuten braten. Das Fleisch wenden, wenn sich auf der einen Seite eine goldbraune Kruste gebildet hat.

Vor dem Servieren nach Geschmack mit Koriander, Basilikum, Estragon und Frühlingszwiebeln bestreuen.

Beilagen
Fladenbrot, trockener Wein

Variante
Das Hähnchen vor dem Braten nicht mit zerstoßenem Knoblauch einreiben, sondern zum fertigen Gericht eine Sauce aus Hühnerbrühe mit Knoblauch reichen.

Tapaka-Hähnchen
Cypljonok tapaka

für 3 Personen

1 Hähnchen
1-3 Knoblauchzehen
½ TL Paprika
2-3 EL zerlassene Butter
gehackter frischer Koriander
gehacktes frisches Basilikum
gehackter frischer Estragon
gehackte Frühlingszwiebeln
Pfeffer
Salz

Saziwi

für 3 Personen

1½ l heißes Wasser
2 Zwiebeln
3 Lorbeerblätter
½ EL gehackter frischer
    Estragon
½ EL frischer Thymian
1 Huhn oder Hähnchen

für die Sauce:
½ Tasse Hühnerfett
8 gehackte Zwiebeln
1-2 EL Maismehl
3-4 Tassen Hühnerbrühe
2-3 Tassen Walnüsse
2-3 TL gehackter Knoblauch
1 TL Koriandersamen
1 TL schwarzer Pfeffer
½ TL gemahlener Zimt
5 gemahlene Gewürznelken
¼ TL Paprika
½ TL Kurkuma
1 TL Weinessig oder
    1 EL Granatapfelsaft
Salz

Saziwi, ursprünglich ein georgisches Rezept, ist eine kalte Fleischspeise aus Huhn oder Pute, deren wichtigster Bestandteil neben dem Fleisch die Saziwi-Sauce bildet, die dem Gericht seinen Namen gegeben hat. Diese Sauce wird in mehr als 15 Varianten zubereitet. Saziwi ißt man mit den Händen und taucht die Fladenbrotstücke dabei in die Sauce.

◆ Das Wasser mit den Zwiebeln, den Lorbeerblättern, dem Estragon und dem Thymian 20 bis 30 Minuten bei niedriger Temperatur köcheln. Das Huhn waschen, in den Sud legen und etwa eine Stunde weiterkochen.
Herausnehmen, mit der Brust nach unten in eine feuerfeste Form legen und mit 1 bis 2 EL des Suds übergießen. Im etwa 170° heißen Backofen goldbraun braten. Hin und wieder mit Bratenfond übergießen und gelegentlich umdrehen.
Die Hühnerbrühe abkühlen lassen.
Für die Sauce die Hälfte des Hühnerfetts erhitzen und die Zwiebeln darin rösten. Das restliche Hühnerfett erhitzen, das Maismehl einrühren und mit der Hühnerbrühe ablöschen. Gut verrühren und kurz aufkochen.
Die Walnüsse mit dem Knoblauch, dem Koriander, dem Pfeffer und einer Prise Salz zerstoßen; mit der Hühner-Maismehl-Brühe vermischen. Zu den Zwiebeln gießen und 15 bis 20 Minuten dünsten. Den Zimt, die Gewürznelken, den Paprika, das Kurkuma und den Weinessig oder den Granatapfelsaft hinzufügen und bei mittlerer Hitze weitere 5 bis 8 Minuten köcheln.
Das Huhn in nicht zu große Stücke zerteilen, mit heißer Sauce übergießen und erkalten lassen.

Beilagen
Fladenbrot, frisches Gemüse wie Tomaten, Gurken, Frühlingszwiebeln und frische Kräuter

Varianten
◆ Das Huhn durch Pute ersetzen.
◆ Statt des Hühnerfetts Butter verwenden.

Tschachochbili ist ein georgisches Eintopfgericht.

Tschachochbili

◆ Das Huhn in Stücke zerlegen. In eine erhitzte Kasserolle geben, zudecken und ohne Fett oder Wasser 12 bis 15 Minuten bei geringer Hitze schmoren. Den Fleischsaft in eine Schüssel abgießen.

Die Zwiebeln in 1 EL Butter rösten.

Das Huhn mit den gerösteten Zwiebeln in der unbedeckten Kasserolle weitere 10 Minuten braten. Eventuell etwas Butter und nach und nach den Fleischsaft wieder hinzugießen, damit das Huhn nicht anbrennt.

Währenddessen die Kartoffeln schälen, würfeln und in wenig Salzwasser kochen. Die Tomaten überbrühen und abziehen. Kleinschneiden, in einem gesonderten Gefäß zerdrücken und mit den Kartoffelwürfeln zum Huhn geben. Bei Bedarf eßlöffelweise Kartoffelwasser hinzugießen.

Die Petersilie, das Bohnenkraut, den Koriander, das Basilikum, die Minze und den Estragon vermischen. Den Paprika, den Koriandersamen und das Kurkuma hinzufügen. Alles gut vermengen und salzen. An das Tschachochbili geben, gut einrühren und bei geringer Hitze 5 Minuten ziehen lassen.

Zum Schluß den Knoblauch untermischen und weitere 5 Minuten bei geschlossenem Deckel ziehen lassen.

für 4 Personen

1 Huhn
4-6 gehackte Zwiebeln
2 EL Butter
4 Kartoffeln
750-1000 g Tomaten
1 EL gehackte frische
   Petersilie
1 EL gehacktes frisches
   Bohnenkraut
1 EL gehackter frischer
   Koriander
1 EL gehacktes frisches
   Basilikum
½ EL gehackte frische Minze
½ EL gehackter frischer
   Estragon
1½ TL Paprika
1 TL gemahlene
   Koriandersamen
1 TL Kurkuma
1 EL zerstoßener Knoblauch
Salz

Bemerkungen

◆ Statt des Hühnerfleischs gut durchwachsenes Fleisch vom jungen Rind oder Hammel verwenden.

◆ Bei der Zubereitung mit sehr magerem Fleisch während des Bratens gleich ein wenig Butter zugeben, aber erst, wenn sich das Fleisch etwas verfärbt hat oder das Geflügel beginnt, Saft abzugeben.

◆

Wild
Ditsch

◆

Federwild
Pernataja ditsch

Wildgeflügelgerichte bildeten das Essen für Fest-
und Feiertage. Gejagt wurde das Federwild im
Wald, in den Sümpfen und auf dem Feld. Fast
drei Dutzend verschiedene Arten wurden in der
russischen Küche verarbeitet, vorwiegend kleinere und mittelgroße Tiere wie Wildente, weißes
Rebhuhn, Haselhuhn und Birkhuhn. Zu den großen Wildgeflügelarten zählen Auerhahn, Fasan
und Birkhahn.

Auswahl des Wildgeflügels

Am besten nimmt man junges und vorschrifts-
mäßig geschossenes Wild, das heißt, nur Beine
und Flügel, nicht aber die Brust dürfen durch-
schossen sein.

Junges Wild erkennt man an der dünnen Haut
unter den Flügeln. Werden unter den Flügeln
grünliche oder bläuliche Flecke sichtbar oder beginnen die Federn naß zu werden, ist das Wildgeflügel nicht frisch.

Vorbereitung

Beim Ausnehmen des Wildgeflügels auch den
Kropf und sehr vorsichtig die Gallenblase – sie
darf auf keinen Fall platzen – entfernen. Platzt sie
trotzdem, das Wild sofort mehrfach in sehr kaltem Wasser auswaschen. War die Gallenblase bereits vor dem Säubern geplatzt und ausgelaufen,
die mit Galle getränkte Stelle wegschneiden.

Bei kleineren Feldvögeln darf die Fettschicht in
Brust- und Bauchhöhle nicht zerstört werden.
Wurde sie trotzdem beschädigt, muß man versuchen, die Schicht wieder aufzufüllen und zu
glätten.

Die Innereien und die Köpfe werden in der
russischen Küche nicht verwendet.

Wildgeflügel, mit Ausnahme von Wildenten,
wird nie abgesengt, sondern sorgfältig und äußerst behutsam gerupft. Flaum und Kiele werden
entfernt und der Vogel mit Mehl eingerieben.
Bleibt ein Rest Federn übrig, wird der Vogel
leicht mit Wodka besprengt: Erst dann darf man
ihn sengen. Auf diese Weise verbessert sich sein
Geschmack beträchtlich.

In Rußland wurde Wildgeflügel stets nur gebra-
ten. Große Vögel brät man zunächst in einer
Pfanne auf dem Herd an und gart sie später auf
einem Blech oder in einer breiten Kasserolle im
Backofen. Vor dem Braten wird das Geflügel mit
Speckstreifen umwickelt oder damit gespickt.
Mittelgroße Wildhühner brät man oft in saurer
Sahne, dadurch werden sie sehr weich und
schmackhaft. Beide Geflügelarten lassen sich
auch marinieren. Von daher finden sich am
Schluß des Kapitels zwei Marinaderezepte. Kleines Wildgeflügel wird im Topf auf dem Herd bei
sehr geringer Hitze geschmort. Dabei begießt
man den Vogel gelegentlich mit dem sich bildenden Bratensaft und flüssiger Butter.

Wildgeflügel hat im Unterschied zu Hausgeflügel trockenes, zähes und wenig fettes Fleisch.
Deshalb kann es bei falscher Zubereitung vollkommen austrocknen. Mit Hilfe einer dicken
Metallnadel läßt sich prüfen, ob das Fleisch gar
ist: Dringt die Nadel ohne Druck ein, ist das Wild
gar.

Häufig wird Wildgeflügel am Spieß oder über
dem Holzkohlenfeuer gegrillt. Auf der Jagd brät
man Wildgeflügel oft gleich mit Federn. Dazu
wird das Tier ausgenommen, mit Lehm bestrichen, entweder in heiße Asche, in Kohlen oder,
wenn es gut umhüllt ist, in das niederbrennende
Lagerfeuer gelegt. Trockener, rissiger Lehm zeigt
an, daß das Fleisch gar ist. Die Federn bleiben am
Lehm haften, und das Fleisch läßt sich leicht herauslösen. Man ißt es mit den Händen und
nimmt Butter und Salz dazu.

Zubereitung

Gebratener Birkhahn
Teterew sharenyj

24 Stunden marinieren
für 4-6 Personen

1 Birkhahn
Marinade für großes Wild
  (siehe Rezept)
Kleie oder Mehl
50-100 g Speck
12-16 Wacholderbeeren
2-3 EL Butter
100 ml saure Sahne
Salz

◆ Den Birkhahn rupfen, putzen und in der Marinade 24 Stunden einlegen.
Mit Kleie oder Mehl abreiben und mit dem Speck spicken. Die Wacholderbeeren zerdrükken, ¼ TL Salz zugeben und damit den Hahn innen einreiben. Mit der Brust nach oben auf ein Backblech legen und in den auf 200° vorgeheizten Ofen stellen. Mit der Butter einstreichen. Kurz braten, umdrehen, so daß der Hahn auf der Brust liegt, die Temperatur auf etwa 170° vermindern und etwa eine Stunde braten. Mit dem Bratensaft und später mit saurer Sahne begießen. Gelegentlich wenden, damit der Hahn von allen Seiten gleichmäßig braun wird.

Variante
Statt des Birkhahns kann ein Birkhuhn genommen werden. Dieses acht bis zehn Stunden in Marinade für mittelgroßes Wild (siehe Rezept) einlegen.

Gebratene Haselhühner in Milch
Rjabtschiki molotschnyje sharenyje

2-3 Stunden wässern

2 Haselhühner
1 l Milch
50 g Butter
Salz

◆ Die Haselhühner rupfen, säubern und zwei bis drei Stunden in kaltes Wasser legen.
Die Milch in einen Topf geben, die Hühner hineinlegen und zum Kochen bringen. Die Hühner sofort herausnehmen und in einem flachen Topf in der erhitzten Butter 20 bis 30 Minuten braten. Hin und wieder den Bratenfond darübergießen und ½ TL Salz darüberstreuen.

Bemerkung
Auf diese Weise lassen sich auch gefrorene und lange gelagerte Haselhühner braten.

◆ Die Haselhühner rupfen, säubern und ein bis zwei Stunden in kaltes Wasser legen.
Mit einem Handtuch und Mehl trockenreiben. Mit ¼ TL Salz innen einreiben. Die Butter erhitzen und die Hühner rasch anbraten, bis sich eine Kruste bildet. Mit der Brust nach unten in einen flachen Topf legen, die saure Sahne darübergießen, fest mit einem Deckel schließen und bei äußerst reduzierter Hitze etwa 30 Minuten schmoren.

Haselhühner in saurer Sahne
Rjabtschiki prashonyje w smetane

1-2 Stunden wässern

2 Haselhühner
Mehl
2 EL Butter
300 ml saure Sahne
Salz

◆ Die Wachteln in etwas Butter leicht anbraten. Einen flachen Topf mit der restlichen Butter einstreichen, dünne Speckscheiben auf dem Topfboden verteilen, die Petersilie und die Zwiebel darüberstreuen und die Wachteln darauflegen. ¼ TL Salz zufügen. Den Wein und das Wasser vorsichtig hinzugießen, ohne das Fleisch zu berühren. Mit einem Deckel schließen und bei mittlerer Hitze dämpfen.

Gedämpfte Wachteln
Perepjolki tuschonyje

4-6 Wachteln
2 EL Butter
50-75 g Speck
2-3 EL gehackte frische Petersilie
1 gehackte Zwiebel
2 EL trockener Wein
½ Tasse heißes Wasser
Salz

◆ Den Fasan rupfen, ausnehmen, waschen und abtrocknen. In einen Topf legen, in den er eben hineinpaßt.
Die Walnüsse, die Sultaninen, die Butter und den Orangensaft beifügen und so viel grünen Tee zugießen, bis der Fasan knapp bedeckt ist. Salzen. Zudecken und bei schwacher Hitze 45 bis 60 Minuten garen.
Den Fasan mitsamt den Sultaninen und Nüssen anrichten. Den Bratenfond mit der Fleischbrühe vermischen, etwas einkochen und über den Fasan gießen.

Fasan auf georgische Art
Fazan po-gruzinski

1 Fasan
25 Walnüsse
500 g Sultaninen
40-50 g Butter
3 Orangen (Saft)
grüner Tee
½ Tasse Fleischbrühe
Salz

Haarwild
Krasnaja lesnaja ditsch

Haarwild wie Bär, Hirsch, Elch und Hase wurde in der russischen Küche viel seltener verwendet als Federwild. Erst im 18. Jahrhundert fand Haarwild als Festmahl für den Adel eine gewisse, geringe Verbreitung. Im 19. Jahrhundert wurde es dann häufiger verzehrt, und nationale Traditionen der Zubereitung bildeten sich heraus.

Der berühmte Bärenschinken wurde nach dem Marinieren in Roggenteig gebacken. Hase, Hirsch und sibirischer Edelhirsch sowie Elch verarbeitete man hauptsächlich als Braten. Das Wild wurde nach dem Erlegen ausgenommen und, häufig noch im Fell, bis zu drei Wochen abgehangen. Anschließend legte man es in *Kwas* oder in Kräuteressig mehrere Stunden bis zu einer Woche lang ein. In der Regel verwendete man die Rücken. Das Fleisch des grauen Hasen galt als bestes Hasenfleisch, das des weißen Hasen war weniger beliebt. Hirsch marinierte man wegen seines ausgeprägten Geruchs über einen größeren Zeitraum. Das Fleisch des sibirischen Edelhirschs, *isjubrj*, das einen angenehmen Duft besitzt, wurde niemals gewürzt und nur im eigenen Saft, ohne Speck, gebraten.

Großwild bereitete man auf dieselbe Weise zu wie großes Wildgeflügel. Den Speck zum Spicken präparierte man dabei auf eine besondere Art: Er wurde in schmale Streifen geschnitten und in einer Mischung – zu gleichen Teilen – aus zerstoßenen Pfefferkörnern, Gewürznelken, Majoran und Wacholderbeeren gewendet. Gewöhnlich wurde das Fleisch auf einem Backblech zwei bis drei Stunden im Ofen gebraten. Zuweilen kombinierte man Grillen am Spieß und anschließendes Braten auf dem Blech.

Gewürzt wurde das Wild mit Wacholderbeeren und jungen Kiefernzapfen, die im Frühjahr unmittelbar nach dem Maiwuchs gesammelt, getrocknet und zu Pulver gemahlen wurden; außerdem mit Petersilie, Sellerie, Zwiebel, Gewürznelke, Rosmarin und Lorbeerblatt.

Als Beilagen servierte man – wie bei Wildgeflügel – eingelegte und gesalzene Früchte sowie

Waldbeeren, in Butter gebratene, sehr saure Äpfel (Wild- und Holzäpfel), Zitronen und im Bratensaft des Wilds gedämpfte Kartoffeln. Statt Rotwein reichte man in Rußland starken Moosbeer- oder Preiselbeer-*Kwas*.

◆ Den Hasen waschen, häuten (bei den Hinterpfoten beginnen), das unter der Haut geronnene Blut sorgfältig wegputzen, dünne Häutchen sehr vorsichtig abziehen, ohne das Fleisch zu beschädigen. Den Kopf und die Vorderpfoten entfernen, die Kotelett-Teile sowie die Schenkel abtrennen. Das Fleisch ein bis anderthalb Tage in Kwas oder Marinade einlegen.
Herausnehmen, mit 2 bis 3 TL Salz und den zerdrückten Wacholderbeeren einreiben. Den Hasen mit dem Speck spicken, mit der Butter bestreichen und auf ein mit Wasser besprengtes Backblech legen, die Koteletts neben die Oberschenkel. 10 bis 15 Minuten in den auf 200° vorgeheizten Ofen stellen, bis sich eine braune Kruste bildet. Die Hitze auf 180° verringern und alle 10 Minuten im Verlauf von 60 bis 90 Minuten mit dem Bratenfond begießen. Zum Schluß die saure Sahne darübergeben und kurz weiterbraten. Mit Paniermehl bestreuen, weitere 5 bis 10 Minuten im Ofen bräunen. Vor dem Servieren in Stücke schneiden. Den Bratenfond und Johannisbeergelee dazureichen.

Hasenbraten
Sajtschatina-Sharkoje

1-1½ Tage marinieren

1 Hase
Kwas oder Marinade für großes Wild (siehe Rezepte)
2 TL Wacholderbeeren
50 g Speck
50 g Butter
100 ml saure Sahne
Paniermehl
Johannisbeergelee
Salz

Hirschbraten
Olenina-Sharkoje

2-3 Tage marinieren

1,5-2 kg Hirschrücken
1 TL schwarzer Pfeffer
½ TL gemahlene
  Gewürznelke
2-3 TL gemahlene
  Wacholderbeeren
Marinade für großes Wild
  (siehe Rezept)
Kwas (siehe Rezepte)
100 g dünne Speckstreifen
Salz

◆ Das Fleisch waschen, von Häuten befreien und leicht klopfen. Den Pfeffer, die Gewürznelken und die Wacholderbeeren mischen. Das Wild damit und mit 2 EL Salz einreiben. In die Marinade legen und ein bis zwei Tage kaltstellen. Anschließend einen Tag in Kwas einlegen und wieder kaltstellen. Gelegentlich wenden.

Das Wild aus der Marinade nehmen, mit einigen Speckstreifen spicken, außen mit Speckstreifen belegen und diese mit Zwirn befestigen. Auf ein Backblech legen, in den auf 200° vorgeheizten Ofen stellen und etwa zwei Stunden braten.

Sobald sich eine Kruste gebildet hat, die Temperatur um 20° reduzieren. Alle 10 Minuten mit Bratenfond übergießen.

Wildschweinbraten
Kabanina-Sharkoje

24 Stunden marinieren

1,5 kg Wildschweinrücken
40 g Schweineschmalz
¼ l dunkles Bier
2 Fleischbrühwürfel
weißer Pfeffer
Salz

für die Marinade:
1 l Sauermilch
5 Wacholderbeeren
1 Bund gehackter frischer Dill
1 Bund gehackte frische
  Petersilie
3-4 Pfefferkörner
1 Lorbeerblatt

◆ Den Wildschweinrücken waschen und mit einem Papiertuch abtrocknen. Die Sehnen und das Fett vorsichtig abschneiden und das Fleisch in eine Schüssel legen.

Für die Marinade die Sauermilch mit den zerdrückten Wacholderbeeren, dem Dill, der Petersilie, den Pfefferkörnern und dem Lorbeerblatt in einer Schüssel gut vermischen. Über das Fleisch gießen, zudecken und 24 Stunden kaltstellen.

Das Fleisch aus der Marinade nehmen, abtrocknen, pfeffern und salzen.

In einem großen Bräter das Schweineschmalz erhitzen und das Fleisch etwa 10 Minuten rundherum braun anbraten. Mit dem Bier ablöschen und den Fleischbrühwürfeln würzen. Umrühren, zudecken und in den auf 200° vorgeheizten Backofen stellen. 80 Minuten braten.

Das Fleisch aus dem Bräter nehmen und warmstellen.

Für die Sauce den Bräter mit dem Bratenfond auf dem Herd erhitzen. Die Butter hinzufügen und das Mehl vorsichtig hineinstreuen. Unter ständigem Rühren bräunen. Das heiße Wasser zugießen und umrühren. Mit dem Johannisbeergelee und dem Zitronensaft würzen, mit Pfeffer und Salz abschmecken. Die saure Sahne unterrühren. Das Fleisch aufschneiden und anrichten. Die Sauce getrennt dazu reichen.

für die Sauce:
30 g Butter
20 g Mehl
125 ml heißes Wasser
3 EL Johannisbeergelee
½ Zitrone (Saft)
100 ml saure Sahne

◆ Die Petersilienwurzel, die Möhre und die Sellerieknolle in Stücke schneiden. Mit der Zwiebel, den Pimentkörnern, den Lorbeerblättern, den Gewürznelken und den Kardamomkapseln vermengen. Den Essig und 2 Glas Wasser darübergießen und aufkochen. Den Knoblauch hacken und in die heiße Marinade geben.

Bemerkung
Älteres Fleisch mit heißer Marinade übergießen, frisches mit kalter.

Marinade für großes Wild
Marinad dlja wymotschki krupnoj ditschi

1 Petersilienwurzel
1 Möhre
1 Sellerieknolle
1 gehackte Zwiebel
12 Pimentkörner
5-6 Lorbeerblätter
6 Gewürznelken
3 Kardamomkapseln
200 ml Essig (9 Prozent)
½ Knoblauchknolle

◆ 2 Glas Wasser mit 2 TL Salz zum Kochen bringen. Die Minze, die Wacholderbeeren, die Gewürznelken, die Majoranzweige und die Pimentkörner in ein Mullsäckchen geben und in das Wasser hängen. Die Zwiebel hinzufügen und kochen. Den Knoblauch hacken und mit der Zitronensäure in die noch nicht abgekühlte Marinade geben. Zudecken und ziehen lassen.

Bemerkung
Das Wild in die kalte Marinade legen.

Marinade für mittelgroßes Wild
Marinad dlja wymotschki srednej ditschi

1 EL getrocknete Minze
1 EL Wacholderbeeren
5-6 Gewürznelken
1 Handvoll Majoranzweige
   ohne Blätter
6 Pimentkörner
1 gehackte Zwiebel
½ Knoblauchknolle
½ TL Zitronensäure
Salz

Beerensauce zu Wild
Jagodnaja priprawa
dlja ditschi

2-3 Tage vorher beginnen

½ Tasse getrocknete
  Preiselbeeren
½ Tasse getrocknete
  Heidelbeeren
1½ Tassen kochendes Wasser
½-1 TL Zitronensäure
5 EL Zucker

◆ Die getrockneten Preisel- und Heidelbeeren mit dem Wasser übergießen, zudecken und quellen lassen. Falls erforderlich, weiteres kochendes Wasser zugießen.
Wenn das Kompott erkaltet ist, die Zitronensäure und den Zucker hinzufügen und umrühren. Zwei bis drei Tage bei Zimmertemperatur stehen lassen, bis die Sauce leicht sauer ist.

◆

Gemüse
Owoschtschi

◆

Kohl mit Reis-Pilz-Füllung
Kapusta farschirowannaja risom i gribami

1 kg Weißkohl
heißes Wasser
1 Tasse Rundkornreis
200 g Pilze
1 gehackte Zwiebel
½ Tasse Senföl
¾ Tasse Paniermehl
Salz

◆ Die Kohlblätter vom Strunk lösen und kurz in sehr heißes Wasser legen. Die weichgewordenen Blätter gut abtropfen lassen.
Den Reis mit einer Prise Salz kochen.
Die Pilze säubern, waschen, gut abtropfen lassen. Hacken und mit der Zwiebel in etwas Senföl anbraten. Salzen. Mit dem Reis vermengen.
Die Kohlblätter mit der Reis-Pilz-Mischung füllen, mit Zwirn umwickeln und in dem restlichen Senföl braten. Herausnehmen und in dem Paniermehl wenden.

Kartoffeln mit Pilzfüllung
Kartofel farschirowannyj gribami

200-300 g Champignons
2 Stangen Porree
2-3 EL Butter
100 g trockenes Weißbrot
5-6 größere Kartoffeln
Salz

◆ Die Pilze säubern und waschen. In wenig Salzwasser 5 bis 7 Minuten garen. In kleine Stücke schneiden. Die Pilzbrühe zur Seite stellen.
Den Porree in dünne Ringe schneiden und in der Butter dünsten. Die Pilze beifügen.
Das Weißbrot zerreiben und mit 2 bis 3 EL Pilzbrühe aufweichen. Dann mit der Pilz-Porree-Mischung vermengen.
Die Kartoffeln putzen, waschen und jeweils an einer Seite das Ende abschneiden. Vorsichtig aushöhlen. Mit der Gemüsemasse füllen, die Kartoffelenden wieder auflegen.
Die Kartoffeln aufrecht in einen Topf stellen, mit der übrigen Pilzbrühe begießen und garen.

◆ Den Weißkohl waschen und hobeln. In einen Topf geben, mit der heißen Milch übergießen, zudecken und etwa 25 Minuten bei geringer Hitze dünsten. Den Grieß langsam einrühren, weitere 5 bis 10 Minuten garen. Vom Herd nehmen und ein wenig abkühlen lassen. Die Eier trennen. Die Eigelbe in die Kohl-Grieß-Masse einrühren. Salzen und kaltstellen.
Dann ovale, flache Bratlinge von 1 bis 1,5 cm Dicke formen. In Eiweiß wenden und panieren. Die Butter erhitzen und die Bratlinge darin wenden, bis sie auf beiden Seiten goldbraun sind.

Beilage
¼ l Milchsauce (siehe Rezept)

Kohlbratlinge
Kapustnyje kotlety

1 kg Weißkohl
¼ l heiße Milch
100 g Weizengrieß
3 Eier
Paniermehl
4-5 EL Butter
Salz

◆ Die Möhren reiben, in einen Topf geben und mit der Milch übergießen. 1 EL Butter, den Zucker sowie eine Prise Salz hinzufügen, zudecken und bei mittlerer Hitze garen. Gelegentlich umrühren.
Die Eier trennen.
Den Grieß zu den Möhren hinzufügen, umrühren und weitere 8 bis 10 Minuten dünsten. Vom Herd nehmen, die Eigelbe unterziehen und kaltstellen.
Aus der abgekühlten Masse Bratlinge formen und in Eiweiß und dem Paniermehl wenden. Die restliche Butter erhitzen, die Bratlinge darin wenden, bis sie auf beiden Seiten goldbraun sind.

Beilage
¼ l Milchsauce (siehe Rezept)

Möhrenbratlinge
Kotlety morkownyje

1 kg Möhren
½ Tasse heiße Milch
3 EL Butter
1 TL Zucker
3 Eier
½ Tasse Weizengrieß
Paniermehl
Salz

Rote Bete-Bratlinge
Swekolnyje kotlety

500 g Rote Bete (2-4 Stück)
1½ EL Butter
2 EL Weizengrieß
1 Ei
2 EL Paniermehl
1½ EL Butterschmalz
Salz

◆ Die ungeschälte Rote Bete in reichlich Wasser garen und im Kochwasser abkühlen lassen. Schälen und fein raspeln. In einen flachen Topf geben, ½ EL Butter beifügen und aufkochen. Den Grieß hineinstreuen und gut umrühren. 12 bis 15 Minuten köcheln.

Die Rote Bete kurz kaltstellen; mit dem Ei und einer Prise Salz vermischen. Bratlinge formen, in dem Paniermehl wenden. Das Butterschmalz erhitzen und darin die Bratlinge wenden, bis sie auf beiden Seiten knusprig sind.

Die restliche Butter zerlaufen lassen und vor dem Servieren über die Bratlinge geben.

Beilage
saure Sahne

Bemerkung
Die Rote Bete sollte möglichst frisch, unbeschädigt und rund sein.

Auberginen mit Zwiebeln
Baklashany sharenyje s lukom

2 Auberginen
3 EL Mehl
3 EL Butter
2 Zwiebeln
100 g saure Sahne
1 EL Tomatenmark
Salz

◆ Die Auberginen waschen, die Spitzen abschneiden, in dünne Scheiben schneiden und salzen. In dem Mehl wenden. 2 EL Butter erhitzen und die Auberginenscheiben darin braten.

Die Zwiebeln in Ringe schneiden und in der übrigen Butter dünsten, bis sie goldbraun sind.

Die Auberginenscheiben mit den Zwiebeln auf eine Platte legen. Den Bratenfond der Auberginen mit der sauren Sahne und dem Tomatenmark auflösen und kurz aufkochen. Über die Auberginen gießen.

Beilage
leichtes, lockeres Weißbrot

◆ Den unzerkleinerten Blumenkohl 20 bis 30 Minuten in Salzwasser garen. In Röschen zerteilen. Für den Teig die Eier verschlagen. Die saure Sahne unterrühren, dann das Mehl, das Soda, je eine Prise Zucker und Salz beifügen und zu einer gleichmäßigen Masse vermengen.
Die Blumenkohlröschen nacheinander auf eine Gabel spießen, in den Teig tauchen und in der erhitzten Butter braten.

Blumenkohl in Teig
Swetnaja kapusta w kljare

1,5 kg Blumenkohl
4 Eier
200 g saure Sahne
200 g Mehl
1 Messerspitze Soda
Zucker
150 g Butter
Salz

◆ Die ungeschälte Rote Bete in reichlich Wasser garen und im Kochwasser abkühlen lassen. Schälen und in dünne Scheiben schneiden. Mit dem Zitronensaft und dem Zucker vermengen, pfeffern, salzen und kurz ziehen lassen.
Die Salzgurke fein würfeln. Das Öl erhitzen, die Rote Bete und die Gurkenwürfel darin schwenken, die saure Sahne beifügen und bei geringer Hitze erwärmen. Mit dem Dill bestreuen, vorsichtig mischen und sofort servieren.

Bemerkung
Eignet sich als Beilage zu Suppenfleisch, gekochter Gans oder Ente.

Rote Bete mit Dill
Swekla s ukropom

500 g Rote Bete
1 Zitrone (Saft)
1 TL Zucker
1 Salzgurke (siehe Rezept)
2-3 EL Sonnenblumenöl
½ Tasse dickflüssige
    saure Sahne
1 Tasse gehackter frischer Dill
Pfeffer
Salz

Milchsauce
Molotschnyj sos

1 EL Butter
1 EL Mehl
375 ml heiße Milch
Salz

◆ Die Butter leicht erhitzen, das Mehl vorsichtig einrühren und die heiße Milch unter ständigem Rühren nach und nach zugießen. 1 bis 2 Minuten köcheln. Nach Geschmack salzen.

Bemerkung
Eignet sich als Beilage zu Gemüsebratlingen, Möhren, jungem Gemüse und verschiedenen Aufläufen.

Variante
Die Milchsauce mit einem in wenig Milch oder Wasser verschlagenen Eigelb verfeinern und nach Belieben mit etwas Tomatenmark oder mit 1 bis 2 EL fein gewürfeltem, gedünstetem Gemüse (Möhre, Sellerie) variieren.

◆

Pilze
Griby

◆

Pilze standen im waldreichen Rußland immer auf dem Speiseplan. Die russische Küche ist ohne Pilzgerichte undenkbar. Noch heute zählt das Pilzesammeln zu den Lieblingsbeschäftigungen der Russen. Im August strömen Tausende, mit Korb, Gummistiefeln und Stock ausgestattet, aus den Städten ins Grüne. Sie füllen die Nahverkehrszüge, setzen ihre Wagen und ganze Busse in Bewegung: Sonderfahrten der *gribniki*, der Pilzesammler, finden statt. Neben der Jagd und dem Angeln ist das Pilzesammeln ein wahrer Volkssport und heißt im Volksmund entsprechend »die dritte Jagd«.

In der russischen Küche verwendet man getrocknete, gesalzene, gekochte, gedämpfte, gebratene und marinierte Pilze. Trockenpilze nimmt man hauptsächlich für Suppen, manchmal auch für Breie *(Kascha)*. Gebratene Pilze bilden fast immer ein eigenständiges Gericht, können aber auch als Füllung für *Bliny* oder *Pirogi* benutzt sowie als Beilage zu verschiedenen Fleischgerichten gereicht werden. Gedünstete Pilze ergänzen Fleisch-, Fisch-, Gemüse- und Geflügelgerichte. Salzpilze aller Arten ergeben zum Wodka eine hervorragende Vorspeise *(Zakuska)*. Sie sind Zutat in einer *Schtschi*, einer *Soljanka*, bilden eine pikante Beilage zu fast allen Fisch- und vielen Fleischgerichten. Gekochte Pilze hingegen braucht man selten.

Zu den verwendbaren Pilzarten zählen Champignon, Steinpilz, Marone, Birkenpilz, Ziegenbart, Reizker, Hallimasch, Butterpilz, Rotkappe, Pfifferling, Morchel, Parasol und manche andere. Pilze enthalten Eiweiß und Mineralstoffe, sind jedoch nicht sehr leicht verdaulich. Man sollte sie frisch, also an dem Tag zubereiten, an dem sie gesammelt wurden, da Pilzeiweiß sich schnell zersetzt und sogar giftig werden kann. Pilze werden geputzt, oft nur trocken abgerieben, Röhrenpilze manchmal unter fließendem Wasser gespült oder kurz in Wasser getaucht. Um eventuelle Würmer zu entfernen, legt man die gesäuberten Pilze 5 bis 10 Minuten in Salzwasser.

Man verwendet bevorzugt die Hüte, aber auch die Stiele, sofern sie unbeschädigt sind. Bei Steinpilzen, Rotkappen und Birkenpilzen wird der Stiel außerdem abgeschabt. Damit sich Champignons nicht dunkel verfärben, gibt man sie kurz in kaltes, mit Zitronensaft versetztes Wasser. Pilze sollten nie länger als 15 Minuten bei schwacher Hitze gebraten oder gedünstet werden, sonst verlieren sie ihren Eigengeschmack. Einige Pilzarten wie beispielsweise Reizker brauchen jedoch längere Kochzeiten.

Es gibt viele Möglichkeiten, Pilze über längere Zeit haltbar zu machen, um gewisse Vorräte von Halbfertiggerichten stets zur Hand zu haben. Die entsprechenden Rezepte sind im Kapitel »Eingelegtes« aufgeführt.

Gedämpfte Pilze
Griby tuschonyje

500 g Rotkappen
    und Steinpilze
2 EL Mehl
50 g Butter
1 gehackte Zwiebel
6 Pfefferkörner
1 EL gehackter frischer Dill
250 g saure Sahne
Salz

◆ Die Pilze putzen, waschen, grob schneiden, erneut waschen und abtropfen lassen. In dem Mehl wälzen und zugedeckt in einer dickwandigen Pfanne bei starker Hitze dämpfen. Den austretenden Saft abgießen und zur Seite stellen. Die Butter, die Zwiebel, die zerdrückten Pfefferkörner sowie den Dill zugeben und salzen. Alles gut vermischen und ohne Deckel 30 Minuten bei mäßiger Hitze dünsten. Den Pilzsaft beifügen, schließlich die saure Sahne unterrühren.

Beilage
Salzkartoffeln

Panierte Steinpilze
Griby celiki

500 g Steinpilze
1 Ei
½ Tasse Roggenpaniermehl
100 g Sonnenblumenöl
1 EL gehackter frischer Dill
5-10 Knoblauchzehen
1 EL saure Sahne
Salz

◆ Die Pilze putzen und 2 bis 3 Minuten blanchieren. Abtropfen lassen und mit einem Papiertuch abtrocknen. Das Ei schlagen, die Pilze darin und in dem Paniermehl wenden. Die Pilze in dem Öl braten, bis sie goldbraun sind.
Den Dill mit dem Knoblauch in einem Mörser zerreiben und 1 TL Salz zugeben. Mit der sauren Sahne vermischen und zu den Pilzen reichen.

Beilage
Salzkartoffeln

Shjuljen

500 g edle Pilze
   (Champignons, Steinpilze)
3 EL Butter
100 g Weizenmehl
200 g saure Sahne
50 g geriebener Hartkäse
   (kein Parmesan)
Salz

Shjuljen wird als Vorspeise gereicht.

◆ Die Pilze sorgfältig putzen, waschen und abtropfen lassen. In Scheiben schneiden. Die Butter zerlaufen lassen und die Pilze darin braten. Wenn das austretende Wasser verdampft ist, salzen. Das Mehl darüberstreuen und kurz mitbraten. Die saure Sahne gleich hinzufügen und etwas köcheln.
Die Pilze in kleine, feuerfeste Becher füllen und mit dem Käse bestreuen. In den auf 170° vorgeheizten Ofen stellen und etwa 10 Minuten überbacken.

Pilzsauce
Gribnoj sos

200 g Pilze
1 gehackte Zwiebel
25 g Butter
4 EL saure Sahne
¼ l Fleischbrühe
2 EL gehackter Schnittlauch
Pfeffer
Salz

◆ Die Pilze putzen, waschen und abtropfen lassen. In feine Scheiben schneiden. Die Zwiebel in der Butter dünsten, bis sie goldbraun ist. Die Pilze hinzufügen und 10 bis 15 Minuten garen. Die saure Sahne und die Fleischbrühe beigeben, pfeffern und salzen. Weitere 10 Minuten bei schwacher Hitze garen.
Vor dem Servieren mit dem Schnittlauch bestreuen.

Bemerkung
Eignet sich als Beilage zu Fleischgerichten.

Obststand eines
Turkmenen

Getrocknete
Aprikosen in einer
Markthalle in
St. Petersburg

Kaufhaus GUM
in Moskau

◆ Den Weißkohl hobeln oder in feine Streifen schneiden. Zusammen mit der Hälfte der Butter, einigen Tropfen Essig und etwas Wasser 25 Minuten bei geringer Hitze dünsten. Das Tomatenmark, die geschälte und gewürfelte Gurke, den Zucker und das Lorbeerblatt hinzugeben. Pfeffern und salzen. Weitere 5 Minuten köcheln.

Die Pilze putzen, waschen und abtropfen lassen. In Scheiben schneiden und in 1 EL Butter dünsten. Aus der Pfanne nehmen und zur Seite stellen. Die Zwiebeln in die Pfanne geben und braten. Nach und nach die Pilze wieder beifügen, mit einer Prise Zitronenschale bestreuen.

Eine Kasserolle mit Butter einfetten, die Hälfte des Kohls hineingeben. Die Mischung aus Pilzen, Zwiebeln und Gurke darauf verteilen, mit dem restlichen Kohl bedecken. Das Paniermehl darüberstreuen, mit etwas Butter beträufeln. In den auf 170° vorgeheizten Ofen stellen und etwa 10 Minuten überbacken.

Sehr heiß servieren.

Beilagen
saure Sahne, getoastetes Weißbrot

Pilz-Soljanka
Gribnaja soljanka

750 g Weißkohl
4 EL Butter
Weinessig
2 EL Tomatenmark
1 Salzgurke (siehe Rezept)
1-2 TL Zucker
1 Lorbeerblatt
500 g Pilze
   (z.B. Champignons)
1-2 Zwiebeln
geriebene Zitronenschale
2-3 EL Paniermehl
Pfeffer
Salz

◆ Die Pilze putzen und waschen. Mit kochendem Wasser überbrühen und hacken. Die Sardellen zerschneiden.

Die Zwiebeln entweder in einer Pfanne oder im Backofen ohne Fett rösten. Mit den Pilzen und den Sardellen vermengen, die Eier und die Sahne hinzufügen; gut verrühren. Mit Muskatblüte, Pfeffer und Salz abschmecken.

Das Weißbrot grob zerreiben, die Krümel durch ein Sieb streichen und unter die Pilzmasse mischen. Einige Zeit ziehen lassen, damit das Brot die Feuchtigkeit aufnehmen kann. Aus der Masse Bratlinge formen und in der Butter braten.

Pilzbratlinge
Gribnyje kotlety

1,5 kg Champignons
   oder Steinpilze
kochendes Wasser
6 Sardellen
2 gehackte Zwiebeln
4 Eier
300 ml Sahne
Muskatblüte
300 g trockenes Weißbrot
100 g Butter
Pfeffer
Salz

Teigtaschen mit Pilzfüllung
Kundjumy

Öl
200 g saure Sahne
Salz

für den Teig:
4 EL Sonnenblumenöl
1½ Tassen Weizenmehl

für die Füllung:
500 g Steinpilze
   oder Champignons
4 EL Sonnenblumenöl
1 gehackte Zwiebel
1 Tasse Buchweizenbrei
   (siehe Rezept)
1 hartgekochtes Ei

für die Brühe:
heißes Wasser
2-3 Lorbeerblätter
3-5 schwarze Pfefferkörner
2-3 Knoblauchzehen
1 EL gehackte frische
   Petersilie

Kundjumy ist ein altes russisches Gericht aus dem 16. Jahrhundert, eine Art Pelmeni mit Pilzfüllung. Man kann sowohl frische als auch getrocknete Pilze verwenden. Der Teig wird mit Pflanzenölen (Sonnenblumen- oder Mohnöl) und heißem Wasser bereitet. Die Pilzfüllung kann mit Graupen und Gewürzen kombiniert werden. Im Unterschied zu den Pelmeni werden die Kundjumy nicht gekocht, sondern zuerst gebacken und dann im Backofen gedämpft.

◆ Für die Füllung die Pilze putzen, waschen und abtropfen lassen. Hacken. Das Öl erhitzen und die Pilze mit der Zwiebel darin dünsten. Den Buchweizenbrei zugeben, das gehackte Ei untermischen. Alles zu einer einheitlichen Masse verarbeiten.

Für den Teig ¾ Tasse Wasser mit einer Prise Salz zum Kochen bringen. In das Öl gießen. Das Mehl hineinstreuen und schnell zu einem Teig verkneten. Diesen hauchdünn ausrollen, ohne die Unterlage mit zusätzlichem Mehl zu bestreuen, denn auf einem Holzbrett haftet der Teig nicht. Den ausgerollten Teig in 5 cm große Quadrate schneiden und jedes Quadrat mit 1 TL Füllung belegen. Zu einem Dreieck zusammenfalten, an den Rändern verkleben.

Eine Schicht Kundjumy auf ein eingeöltes Backblech oder in eine breite Pfanne legen. in dem auf etwa 180° vorgeheizten Ofen 12 bis 15 Minuten backen. Auf diese Weise zunächst alle Kundjumy backen.

Die gebackenen Kundjumy in einen Topf geben. Mit heißem Salzwasser bedecken, die Brühgewürze beifügen. Weitere 15 Minuten im Backofen ziehen lassen. Die Kundjumy aus der Brühe nehmen, in eine Schüssel legen, die saure Sahne darübergießen und servieren.

Variante
Statt des Buchweizenbreis gekochten Reis verwenden.

◆ Die frisch gesammelten Pilze nicht waschen, sondern trocken putzen. Die Köpfe häuten. Große Pilze in nicht zu kleine Stücke schneiden. Reihenweise mit den Köpfen nach oben in ein Einmachglas füllen. Jede Schicht mit Salz, einigen Pfefferkörnern und gehackten Zwiebeln bestreuen. Das Glas vollständig füllen, verschließen und kaltstellen.
Frühestens nach zwei bis vier Wochen Pilze zum Verzehr entnehmen. Vor dem Servieren einige Stunden kalt wässern. Schließlich in demselben Wasser bei geringer Hitze erwärmen, das Wasser dabei nun mehrmals wechseln, bis das Salz ausgespült ist.

Salz-Champignons
(Salzpilze I)
Schampinjony soljonyje

2-4 Wochen einlegen

1 kg Champignons
Pfefferkörner
3 gehackte Zwiebeln
40 g jodfreies Salz

Bemerkungen
◆ Auf diese Weise konservierte Pilze halten sich einige Wochen bis Monate.
◆ Werden zum Wodka als Vorspeise gereicht.

◆ Die frisch gesammelten Pilze nicht waschen, sondern trocken putzen. Reihenweise mit den Köpfen nach oben in ein Gefäß füllen. Jede Schicht mit etwas Salz bestreuen. Eine Holzscheibe und ein Gewicht auflegen. In den folgenden zwei bis drei Tagen, während die Pilze sich setzen, mit weiteren Pilzen auffüllen.
Nach einem bis eineinhalb Monaten haben die Pilze den richtigen Zustand erreicht. Sie behalten ihre rote Farbe.

Salz-Reizker (Salzpilze II)
Ryshiki soljonyje

1-1½ Monate einlegen

1 kg Reizker
40 g jodfreies Salz

Bemerkungen
◆ Das Einlegegefäß kann aus Holz, Keramik oder Glas sein.
◆ Werden zum Wodka als Vorspeise gereicht.

Eingemachte Brat-Steinpilze (Salzpilze III)
Borowiki sharenyje

1 Woche einlegen

junge, unbeschädigte
  Steinpilze
Butter
jodfreies Salz

◆ Die Steinpilze putzen, waschen und mit einem Tuch trocknen. Ohne sie zu zerschneiden, in genügend Butter halbgar braten und salzen. Mehrere Portionen Pilze können nacheinander in derselben Butter gebraten werden.

Die Pilze abkühlen lassen und reihenweise mit den Köpfen nach oben in Gläser füllen. Nach und nach lauwarme Butter zugießen.

Die Gläser bis zum Rand füllen, nach einigen Stunden verschließen und kaltstellen. Mindestens eine Woche ziehen lassen. Die Pilze halten sich auf diese Weise monatelang.

Bemerkungen
◆ Vor dem Verzehr die Pilze in der Butter, in der sie eingelegt wurden, vollständig garen, frische saure Sahne hinzufügen und mit Pfeffer abschmecken. Mit gehackter frischer Petersilie oder Dill bestreuen.
◆ Eignen sich als Beilage zu Kartoffeln.

♦
Pirogi
♦

Die *Pirogi* nehmen bis heute einen Ehrenplatz auf der russischen Tafel ein. Sie sind ein authentisches Nationalgericht aus alten Zeiten, völlig unberührt von fremdländischen Einflüssen. Früher buk man sie ausschließlich für Festtage. Das Wort *pirog* leitet sich entsprechend von *pir* (Schmaus) ab. Zu bestimmten Festen bot man jeweils besondere *Pirogi* an: So entwickelte sich eine enorme Vielfalt von Rezepten. Seit Mitte des 19. Jahrhunderts wurde es vor allem in Restaurants üblich, *Kulebjaki, Pirogi* mit *Kascha* oder – die kleineren – *Piroshki* zu Suppen (Fleischbrühe, *Schtschi, Ucha*) zu reichen. *Pirogi* aus Blätterteig fanden Verbreitung, zum Tee servierte man süße *Pirogi*.

Die Beliebtheit der *Pirogi* in Rußland erklärt sich nicht zuletzt dadurch, daß ein *Pirog* ein ganzes Mittagessen beinhalten kann: Brot, *Schtschi, Kascha* und Pilze. *Pirogi* sind eine handliche, vollwertige Speise, eine ideale Verpflegung für unterwegs, Imbiß wie Festmahl. Ein altes Sprichwort lautet: »In einen *Pirog* paßt alles hinein«, ein anderes: »Der Fluß ist dank seiner Ufer schön, das Mittagessen dank der *Pirogi*«.

Für eine klassische russische Mahlzeit reicht man die *Pirogi* nach einem Fischgericht, gefolgt von einer zweiten Hauptspeise – Braten oder *Kascha*. Bei einem modernen, einfachen russischen Mittagessen folgen sie entweder gleich nach der Suppe oder nach dem Hauptgericht. Sie können auch eine eigenständige Speise bilden, besonders zum Tee, können ein Frühstück oder Abendbrot ersetzen.

Bis heute backt man *Pirogi* zu festlichen Anlässen, zu Geburtstagen, für werte Gäste und das Totenmahl.

Pirogi sind Pasteten, die sich sowohl durch zahlreiche Teigvariationen als auch eine große Anzahl von Füllungen auszeichnen. Da die diversen Teigarten mit den unterschiedlichsten Füllungen kombiniert werden können, stehen im folgenden die Teigrezepte getrennt von den Rezepten für die Füllungen. Die Formen von *Pirogi* richten sich zum einen nach den Füllungen, zum

anderen danach, ob sie ein Hauptgericht oder
eine Zwischenmahlzeit bzw. eine Beilage bilden.

Ursprünglich verwendete man überwiegend
Roggenmehl, heutzutage hingegen hauptsächlich Weizenmehl. Der Teig für *Pirogi* – ein
Hefeteig – muß immer sauer oder »lebendig«
sein, wie man ihn einst bildkräftig charakteri-
sierte. Als Gärstoff kann neben der Hefe saure
Sahne, Sauermilch, Bier, Maische oder Molke
eingesetzt werden. Für den Teig benötigt man
vor allem Mehl, wenige Eier und verschiedene
Fette wie Pflanzenöle, Butter und Rindertalg. So
wurden traditionsgemäß

- für *Pirogi* mit Gemüse- und Fischfüllung
  pflanzliche Öle
- für *Pirogi* mit Fleischfüllung Rinderne-
  renfett
- für *Pirogi* mit Geflügel und für *Kulebjaki*
  Schweine- oder Butterschmalz
- für süße *Pirogi* Butter verwendet.

Der Teig für herzhafte *Pirogi* hat einen geringen
Eianteil und muß locker sein. Er wird dünn ausgerollt, weil hier die Füllung das wichtigste ist.
Eine Ausnahme bilden die *Kulebjaki*. Bei ihnen
sollte der Teigmantel stärker sein, da sie eine größere Menge Füllung enthalten.

Ein Teig für süße *Pirogi* wird aus mehr Eiern
und Butter hergestellt und dicker ausgerollt, um
das Zersetzen des Teigs durch den Zucker und
die süße Füllung zu vermeiden.

Der Teig für *Pirogi* muß mindestens zwei-,
besser dreimal gehen. Er wird immer wieder auf-
geschlagen und geknetet. Das garantiert ein gutes Durchbacken und einen hervorragenden
Geschmack. Er darf allerdings weder »erschüt-
tert«, also nicht geschüttelt oder transportiert
werden noch auskühlen, weil er sonst in sich zusammenfällt und unbrauchbar wird.

Pirogi werden mit Gemüse – Kohl, Sauerkraut,
Erbsen, Möhren, Kartoffeln und Zwiebeln – gefüllt, außerdem mit getrockneten bzw. frischen,

Der Teig

Die Füllung

gekochten oder gebratenen Pilzen, verschiedenen Breien fester Konsistenz, hauptsächlich aus Reis, getrocknetem Störrücken und Fisch, Hausgeflügel, Quark, Ei und *Warenje*. Zu den traditionsreichen Füllungen zählen Sauerkraut mit Eiern, Pilze mit Zwiebeln, Fisch und Fleisch mit Zwiebeln und Eiern sowie Reis mit Eiern.

Die Füllungen müssen saftig, fettgetränkt und herzhafter sein, als es der normale Geschmack verlangt, weil der Teig einen Teil des Salzes bzw. Zuckers aufnimmt.

Form und Größe

Authentische russische *Pirogi* bilden generell ein Rechteck mit einem Seitenverhältnis von 2 zu 3. Man kann jedoch auch runde, quadratische, dreieckige oder länglich-ovale *Pirogi* formen. Die Größe der *Pirogi* wird tatsächlich in »Zeitungsblatt« (entspricht aufgefaltet den Maßen eines Backblechs) gemessen. In der Regel sind *Pirogi* ein Viertel oder ein Achtel »Zeitungsblatt« groß, je nach Füllung und Anlaß.

Piroshki nennt man *Pirogi*, die kleiner als ein Sechzehntel »Zeitungsblatt« sind. *Kulebjaki* sind halb so lang und ein Viertel so breit wie ein »Zeitungsblatt«, das heißt länglich und schmal.

Pirogi können entweder »blind« – wenn der Teig die Füllung von allen Seiten umgibt und man diese nicht sieht –, halb geschlossen oder fast offen sein; in diesem Fall ist der Teig auf der Oberfläche wie ein Gitter geformt.

Herzhafte *Pirogi* mit Fleisch-, Fisch-, Geflügel- und solche mit eingestreuter Füllung aus Pilzen, Zwiebeln, Reis oder Eiern sind immer geschlossen, damit die Füllung nicht austrocknet. *Kulebjaki* (*Pirogi* mit einer Spezialfüllung und Teigzwischenschichten) bleiben stets offen. Süße *Pirogi* mit feuchter Füllung aus Quark, Mohn oder *Warenje* werden halb verschlossen, also mit einem »Gitter« versehen, damit die Flüssigkeit ausdampfen kann.

Piroshki formt man folgendermaßen: Den Teig auf den mit Mehl bestreuten Tisch oder ein Brett geben, in Stücke schneiden, diese zu Kugeln rollen und nochmals kurze Zeit gehen lassen. Die Kugeln zu 1 cm dicken Plätzchen auswalzen und jedes Plätzchen mit Füllung belegen. Die Ränder der Plätzchen aufeinanderklappen und zusammendrücken, dabei den *Piroshki* eine ovale Form verleihen. Mit der Verschlußseite nach unten in 2 cm Abstand auf ein eingefettetes oder mit Backpapier ausgelegtes Blech legen und weitere 15 bis 20 Minuten gehen lassen. Mit geschlagenem Ei oder Butter bestreichen und im Ofen backen.

Die *Pirogi* können unterschiedliche Farben haben: dunkel, hell oder matt, kräftig gebräunt mit goldbrauner Schattierung und ohne Glanz, mit kleinen hellen Flecken oder mit einer dicken Schicht weißen Mehls bestreut. Die Farbe hängt von Backtemperatur und -zeit sowie den verschiedenen Vorbereitungsweisen ab. Ein mit Wasser beträufelter *Pirog* wird glänzend, ein mit Eigelb bepinselter dunkel, ein mit Butter bestrichener goldbraun.

Das Backen

Ihre endgültige Formung erhalten die gefüllten *Pirogi* auf dem Backblech. *Pirogi* aus fettintensivem Blätterteig auf ein nur leicht mit Wasser benetztes oder mit einer dünnen Schicht Mehl bestreutes Backblech legen. Alle Zutaten müssen schon während der Zubereitung kalt sein. Blätterteig-*Pirogi* werden vor dem Backen außerdem 15 Minuten kaltgestellt und anschließend mit Eigelb bestrichen.

Pirogi aus Hefeteig auf dem gefetteten Blech noch einmal 15 bis 20 Minuten gehen lassen, erst danach mit Eigelb oder Butter bestreichen und sofort backen.

Man heizt den Backofen auf 180° gut vor. Bis der *Pirog* zu bräunen beginnt, wählt man eine hohe, anschließend eine mäßige Temperatur (etwa 120°). Große *Pirogi* mit einem Holzstäbchen am Rand einstechen, damit der Dampf entweichen kann und die Kruste sich nicht hebt.

Die Backzeit der *Pirogi* hängt von ihrer Größe und von der Menge der Füllung ab:

- große *Pirogi* und *Kulebjaki* etwa eine Stunde
- kleine *Piroshki* 20 bis 30 Minuten
- alle übrigen 30 bis 50 Minuten

Mit einem Holzstäbchen läßt sich prüfen, ob die *Pirogi* gar sind. Tritt eine Dampffontäne aus dem Einstich zum Beispiel eines Fisch-*Pirog*, ist er fertig zum Servieren. Aus dem Backofen herausnehmen, mit Butter bestreichen und mit Papierservietten oder einem Leinentuch abdecken. Er kann nach 15 Minuten heiß oder später kalt gegessen werden. *Pirogi* lassen sich problemlos im Mikrowellenherd erhitzen. Bei Bedarf kann man sie in ein emailliertes, mit einer Papierserviette ausgelegtes Gefäß schichten und zugedeckt bis zu sieben Tage im Kühlschrank aufbewahren.

Ungesäuerter Teig I
Besoparnoje testo na wode I

für Fisch- und Gemüse-Pirogi

150 g Butter
750 g Mehl
1 Ei
25 g Hefe
1 TL Salz

◆ Die Butter in Flocken mit den anderen Zutaten und 1½ Tassen eiskaltem Wasser gründlich verkneten. Mit einem Leinentuch abdecken und bei Zimmertemperatur gehen lassen.
Der Teig sollte weiterverarbeitet werden, wenn er gegangen ist.

Ungesäuerter Teig II
Besoparnoje testo na wode II

für Pirogi mit Brei,
Quark und Eiern

25-30 g Hefe
1 TL Zucker
750-800 g Mehl
¼ Tasse warmes Wasser
1¼ Tasse warme Milch
100 g Butter
1 Ei
Salz

◆ Die Hefe, den Zucker und 1 TL Mehl in dem Wasser anrühren, 15 Minuten gehen lassen.
Die Hälfte des Mehls mit der Milch anrühren, zugeben und wieder gehen lassen. Sobald der Teig erneut aufgegangen ist, die zerbröckelte Butter, das restliche Mehl, das Ei sowie eine Prise Salz beifügen und alles gut durchkneten, bis kein Teig mehr an den Händen kleben bleibt. Mit einem Leinentuch abdecken und bei Zimmertemperatur gehen lassen.
Der Teig sollte weiterverarbeitet werden, wenn er gegangen ist.

◆ In ¼ Tasse heißes Wasser die Hefe anrühren, 1 TL Mehl zugeben und 10 Minuten gehen lassen. Das übrige Wasser in den Talg gießen und gut verrühren. Das Mehl und die aufgelöste Hefe beifügen, alles zu einem festen Teig verkneten und gehen lassen.
2 TL Salz zugeben, den Teig erneut durchkneten und erneut gehen lassen. Anschließend zu Pirogi oder vorzugsweise zu Piroshki verarbeiten.

Ungesäuerter Teig III
Besoparnoje testo
na wode III

für Pirogi mit Fleischfüllung

1 Tasse heißes Wasser
50 g Hefe
750 g Mehl
1 Tasse zerlassener Rindertalg
Salz

◆ Die Hefe mit 2 bis 3 TL Mehl in ¼ Tasse Wasser auflösen und über Nacht gehen lassen.
Am nächsten Morgen die Milch, die zerlassene Butter, das restliche Mehl (1 Tasse Mehl zum Ausrollen aufheben), die Eier, den Zucker und ½ TL Salz zugeben und gut verrühren. Den Teig mindestens 30 Minuten durchkneten. Anschließend in ein Leinentuch oder Leinensäckchen geben, das doppelt so groß wie die Teigmenge sein muß.
Das gefüllte Säckchen in einen Eimer mit kaltem Wasser legen. Wenn der Teig zu schwimmen beginnt, herausnehmen und Pirogi daraus formen.

Gesäuerter Teig für »ertrunkene« Pirogi
Oparnoje testo dlja
pirogow-utoplennikow

für Fleischfüllungen
am Vortag beginnen

50 g Hefe
750 g Mehl
1 Tasse Milch
50 g Butter
1 TL Zucker
2 Eier
Salz

Hefeblätterteig für ungesüßte Pirogi
Droshshewoje slojono je testo dlja nesladkich pirogow

600 g Mehl
1-2 Eigelb
25 g Hefe
125 g Butter
Salz

◆ Das Mehl, das Eigelb, die Hefe und 1½ TL Salz mit 25 g Butter und 1½ Tassen Wasser zu einem Teig verarbeiten, gut durchkneten, kühlstellen und gehen lassen.

Wenn der Teig gegangen ist, ihn durchkneten, zu einer Platte von etwa 1 cm Dicke ausrollen, mit einer dünnen Schicht Butter bestreichen, viermal zusammenfalten, 10 Minuten kaltstellen und ruhen lassen.

Den Teig ein zweites Mal ausrollen, mit Butter bestreichen, erneut in Schichten legen. Diesen Vorgang danach noch dreimal wiederholen.

Den Teig an einem kühlen Ort gehen lassen und ihn dann ohne weiteres Durchkneten für Pirogi verwenden.

Variante

Hefeblätterteig für süße Pirogi
Droshshewoje slojono je testo dlja sladkich pirogow

◆ Den Teig statt mit Wasser mit 1½ Tassen Milch bereiten, nur eine Prise Salz verwenden und 1 EL Zucker sowie 1 TL geriebene Zitronenschale, Sternanis, Zimt oder Kardamom hinzufügen, abhängig von der gewünschten Füllung:

◆ zu Nuß- und Mohnfüllung Kardamom
◆ zu Apfelfüllung Zimt
◆ zu Kirschfüllung Sternanis
◆ zu Erdbeer- oder Johannisbeerfüllung geriebene Zitronenschale

Fastenhefeteig
Postnoje droshshewoje testo

für Pirogi mit Sauerkraut, Zwiebeln, Möhren

25 g Hefe
1 TL Zucker
600 g Mehl
100 g Butter
Salz

◆ Die Hefe, den Zucker sowie 1 bis 2 TL Mehl in ¼ Tasse Wasser anrühren und 15 Minuten gehen lassen.

Die aufgelöste Hefe, 1 Tasse Wasser, die Butter und 2 TL Salz mit dem Mehl vermengen, einen lockeren Teig kneten, warmstellen und gehen lassen.

Pirogi in der gewünschten Größe formen und leicht mit Mehl bestäuben.

Varianten
◆ Das Wasser durch Milch ersetzen.
◆ Statt Butter Sonnenblumenöl verwenden.

◆ Die kalte Butter, das Mehl und ½ TL Salz zu einem Teig verarbeiten und mit einem scharfen Messer in körnergroße Stücke hacken.
Das Ei mit 1 Tasse Wasser kräftig verschlagen, auf den Teig gießen, gut vermengen, ausrollen und zu Pirogi verarbeiten.
Vor dem Backen 20 Minuten kaltstellen und ruhen lassen.

Hefeloser Butterteig
Rublenoje testo

für süße Pirogi

250 g Butter
500 g Mehl
1 Ei
Salz

◆ Alle Zutaten zu einem Teig verarbeiten, 10 Minuten zugedeckt stehen lassen. Dann den Teig zu einer Platte von 5 bis 10 mm Dicke ausrollen und zu Pirogi formen.

Schmandteig
Smetannoje testo

für Pirogi mit Pilzen und Hühnerfleisch

400 g Mehl
200 g saure Sahne
100 g Butter
2 Eier
½ TL Salz

◆ Aus der Milch, der Hefe und der Hälfte des Mehls einen Teig kneten und gehen lassen.
Das restliche Mehl, die Eigelbe, die Butter und 1 TL Salz beifügen, gut verkneten und ein zweites Mal gehen lassen. Schließlich zu Kulebjaki verarbeiten.

Teig für Kulebjaki
Kulebjatschnoje testo

1 Tasse Milch
25 g Hefe
600 g Mehl
3 Eigelb
200 g Butter
Salz

Zwischenteig für Kulebjaki mit Fleischfüllung
Promeshutotschnoje testo dlja kulebjaki s mjasom

2 Eier
½ TL Zucker
25 g Butter
3 Tassen Milch
2 Tassen Mehl
ungesalzener Schweinespeck
Salz

Dünne Teigplatten, die zwischen die Füllungsschichten gelegt werden.

◆ Die Eier trennen. Die Eigelbe mit dem Zucker, ½ TL Salz und der Butter verrühren, anschließend nach und nach mit der Milch vermengen. Dann langsam das Mehl beifügen und zu einem flüssigen Teig verrühren. Diesen durch einen Durchschlag seihen. Die Eiweiß schlagen und unter den Teig heben.
Die Teigplatten (auch Bliny genannt) in einem dünnen, mit dem Schweinespeck eingefetteten Aluminiumtiegel backen. Dafür in den Tiegel jeweils nur wenig Teig gießen, damit er sich zu einer möglichst dünnen Schicht ausbreitet. Die Bliny 1 bis 2 Minuten von beiden Seiten backen.

Zwischenteig für Fisch- und Pilz-Kulebjaki
Testo dlja proslojek dlja kulebjak s ryboj i gribami

¼ Tasse Milch
¼ Tasse Pflanzenöl
1 EL Wasser
1½ Tassen Mehl
¼ TL Salz

Dünne Teigplatten, die zwischen die Füllungsschichten gelegt werden.

◆ Alle Zutaten zu einem festen Teig kneten. Diesen zu einer dünnen Platte ausrollen und solange ziehen, bis er 1 mm dick ist. Entsprechend der Größe für Kulebjaki ausschneiden und auf einem Blech im Backofen bei sehr niedriger Temperatur 3 bis 4 Minuten trocknen.

Will man die Füllungen exakt auf die oben beschriebene Teigmenge berechnen, müßte man jeweils etwa ein Drittel weniger Zutaten verwenden. Andererseits kann man die Füllungen auch allein essen, außerdem empfiehlt es sich, eher zu viel als zu wenig Füllung vorzubereiten, damit die Füllung beim Herstellen der Pirogi nicht ausgeht.

In der Einleitung dieses Kapitels ist beschrieben, wie Pirogi hergestellt werden und was es generell dabei zu beachten gilt. Bei den einzelnen Rezepten wurde deshalb auf eine wiederholte Darstellung der Zubereitungsweisen verzichtet.

Füllungen für Pirogi
Natschinki dlja pirogow

für Teige aus 1 kg Mehl

◆ Das Fleisch kochen, bis es halb gar ist. In gulaschgroße Stücke schneiden. Die Butter erhitzen und das Fleisch mit den Zwiebeln darin braten. Weiter zerkleinern, pfeffern und salzen. Die gehackten Eier und Petersilie oder Dill nach Geschmack hinzufügen. Alles gut vermischen.
Den Teig für kleine, ovale Pirogi vorbereiten. Je nach Größe der Pirogi 1 bis 2 EL Fleischbrühe, eventuell mitsamt einem sehr flachen Eiswürfel, auf den Teigscheiben verteilen. Bei 180° backen.

Varianten
◆ Die Butter durch Rinderfett ersetzen.
◆ Zusätzlich mit Muskat würzen.
◆ Hackfleisch verwenden. In diesem Fall das Fleisch in Butter anbraten und durch den Wolf drehen. Dann mit den gedünsteten Zwiebeln vermischen. Den Teig zu etwa 10 cm langen Ovalen formen.

Rindfleischfüllung
Mjasnaja natschinka

800 g Rindfleisch
2-3 EL Butter
1-2 gehackte Zwiebeln
3 hartgekochte Eier
gehackte frische Petersilie
 oder Dill
Pfeffer
Salz

Ungesäuerter Teig III oder Gesäuerter Teig für »ertrunkene« Pirogi (siehe Rezepte)

Füllung aus Leber, Lunge oder Herz
Natschinka iz liwera, ljogkich ili serdca

1 kg Leber, Lunge oder Herz
2 gehackte Zwiebeln
2-3 EL Butter
2 hartgekochte Eier
gehackte frische Petersilie
   oder Dill
Pfeffer
Salz

Ungesäuerter Teig III
(siehe Rezept)

◆ Das Fleisch warm waschen, von Röhren befreien und garen. In kleine Stücke schneiden und durch den Wolf drehen. Mitsamt den Zwiebeln in der Butter einige Minuten braten. Dabei ständig umrühren. Pfeffern und salzen. Die Eier kleinschneiden und mit etwas Petersilie oder Dill untermischen.
Aus dem Teig Pirogi formen und füllen. Bei 180° backen.

Hühnerfleischfüllung
Kurinaja natschinka

1 Huhn
1 gehackte Zwiebel
Butterschmalz
2-3 hartgekochte Eier
Salz

Schmandteig (siehe Rezept)

◆ Das Huhn halb weichkochen. Aus der Brühe nehmen, das Fleisch ablösen und in dünne Scheibchen schneiden.
Die Innereien garen, in Stücke schneiden und zusammen mit der Zwiebel in Butterschmalz leicht anbraten.
Aus dem Teig Pirogi formen. Die Eier hacken, mit der Zwiebel sowie den Innereien vermischen und jeweils zuunterst in einen Pirog geben. Die Hühnerfleischscheiben darüber verteilen.

Gedämpfte Telnoje-Füllung
Telnoje parnoje

500 g Fischfilet
1 gehackte Zwiebel
1 Ei
Pfeffer
Salz

Ungesäuerter Teig I oder III
(siehe Rezepte)

◆ Den Fisch in kleine Stücke schneiden, mit der Zwiebel, dem Ei, etwas Pfeffer und Salz vermengen und im Mörser zerreiben. Einen großen Pirog mit einer 5 bis 10 mm dicken Schicht füllen.

◆ Die geputzten und gewaschenen Pilze sehr fein schneiden und etwa 10 Minuten in 2 EL Butter braten.

Die Zwiebel in der übrigen Butter dünsten. Mitsamt der sauren Sahne zu den Pilzen geben, salzen und zugedeckt 10 Minuten ziehen lassen. Die Petersilie oder Dill untermischen und vor dem Füllen abkühlen lassen.

Pilzfüllung
Natschinka iz sweshich gribow

1 kg Champignons
   oder Steinpilze
3-4 EL Butter
1 kleingehackte Zwiebel
4 EL saure Sahne
1 Bund gehackte Petersilie
   oder Dill
Salz

Schmandteig (siehe Rezept)

◆ Das Sauerkraut fein zerschneiden und in 2 EL Butter zugedeckt garen.

Die Pilze putzen, waschen, sehr klein schneiden und etwa 10 Minuten in 1 EL Butter anbraten.

Die Zwiebeln in der restlichen Butter goldbraun dünsten, mit den Pilzen vermengen, salzen, pfeffern und beides 3 bis 4 Minuten dünsten.

Mit dem Sauerkraut vermischen und die Pirogi damit füllen.

Variante
Die frischen Pilze durch 50 g getrocknete Pilze ersetzen. Diese zunächst ein bis zwei Stunden in Wasser einweichen, waschen, garen, hacken und einige Minuten in Butter anbraten.

Sauerkraut-Pilz-Füllung
Natschinka iz kwaschenoj kapusty s gribami

750 g Sauerkraut
   (siehe Rezept)
4 EL Butter
250 g Champignons
   oder Steinpilze
2-3 gehackte Zwiebeln
Pfeffer
Salz

Fastenhefeteig (siehe Rezept)

Kohlfüllung
Kapustnaja natschinka

700 g Weißkohl
1 gehackte Zwiebel
1 Bund gehackte Petersilie
Butter
2 hartgekochte Eier
Pfeffer
Salz

Fastenhefeteig (siehe Rezept)

◆ Den Kohl hobeln, salzen und etwa eine Stunde ziehen lassen. Den Saft leicht auspressen.
Die Zwiebel mit der Petersilie in etwas Butter dünsten, mit Pfeffer würzen und den Kohlstreifen beifügen. Die Eier hacken und ebenfalls unter den Kohl mischen.

Variante
Die Füllung mit geschmortem Kohl herstellen. Dazu den Kohl hobeln und bei geringer Hitze dämpfen, bis er weich ist. Etwas Sonnenblumenöl zugießen und die Kohlstreifen kurz anbraten. Mit Pfeffer würzen.

Mohnfüllung
Makowaja natschinka

1 Tasse Mohn
kochendes Wasser
1 EL Zucker, Honig
   oder Sirup

Hefeblätterteig für süße
Pirogi oder Hefeloser
Butterteig (siehe Rezepte)

◆ Den Mohn sieben, in kaltem Wasser waschen, mit kochendem Wasser überbrühen, 5 bis 7 Minuten stehen lassen. Das Wasser abgießen. Noch einmal überbrühen, weitere 3 Minuten ziehen lassen, das Wasser wieder abgießen.
Den Mohn auspressen, im Mörser zerreiben, mit dem Zucker, Honig oder Sirup in einen Topf geben, aufkochen. Die Pirogi mit der abgekühlten Masse füllen.

Quarkfüllung
Natschinka tworoshnaja

500 g Quark
2-3 Eier
100 g Zucker
1 EL Butter
Salz

Hefeblätterteig für süße
Pirogi oder Hefeloser
Butterteig (siehe Rezepte)

◆ Möglichst trockenen Quark durch ein Sieb streichen. Die Eier, den Zucker, die zerlassene Butter und eine Prise Salz hinzugeben, alles gut vermischen. Es dürfen keine Klümpchen bleiben. Kleine ovale Pirogi formen, mit der Quarkmasse füllen und kleine Öffnungen lassen, damit beim Backen Flüssigkeit verdampfen kann.

Als Füllung eignen sich Kirsch-, Johannisbeer-, Apfel-, Pflaumen-, Erdbeer-, Heidelbeer-, Preiselbeer- oder Moosbeer-*Warenje* (siehe Rezepte). Sie müssen gut eingedickt, also zähflüssig sein. Steinobst wird häufig mit Sternanis gewürzt, Äpfel mit Zimt. Man verwendet für süße Füllungen geeignete *Pirogi*-Teige und läßt beim Formen einige Öffnungen im Teigdeckel bzw. bedeckt den *Pirog* mit einem Teiggitter, damit die Flüssigkeit ausdampfen kann.

Warenje-Füllung
Natschinka iz warenja

◆ Die Hefe in dem Wasser auflösen, etwas Mehl einrühren, so daß ein flüssiger Teig entsteht. 45 bis 60 Minuten an einem warmen Ort gehen lassen.
Das restliche Mehl, die Butter, 2 Eier, den Zucker und 1 TL Salz zufügen und mindestens 15 Minuten kräftig kneten, bis der Teig glatt ist und nicht mehr an den Händen und am Schüsselrand klebt. Den Teig nochmals 90 Minuten gehen lassen. Längeres Gehen verschlechtert die Qualität. Den Teig auf einem mit Mehl bestreuten Brett kneten und in handtellergroße Stücke schneiden. Aus den Teigstücken kleine Kugeln formen, sie in 2 bis 3 cm Abstand auf ein mit Butter bestrichenes Backblech oder in eine Pfanne legen und warmstellen.
Sobald die Kugeln ein wenig gegangen sind, in jede eine Vertiefung drücken (beispielsweise mit dem Boden eines kleinen Bechers) und diese mit einer Quarkfüllung versehen. Die Ränder der Watruschki mit dem dritten, verschlagenen Ei bestreichen und das Gebäck 10 bis 15 Minuten bei 180° bis 200° im Ofen backen.

Watruschki

30-50 g Hefe
½ l warmes Wasser
1 kg Mehl
2-4 EL Butter
3 Eier
1 EL Zucker
Salz

Quarkfüllung (siehe Rezept)

Varianten
◆ Als Belag für Watruschki Marmelade oder Pflaumenmus mit fester Konsistenz sowie frische Beeren verwenden. Diese in die Vertiefungen legen und Zucker darüberstreuen.
◆ Das Wasser durch Milch ersetzen.
◆ Statt Butter Margarine oder Schmalz nehmen.

Beljaschi

100 g Fett

für den Teig:
15 g Hefe
¼ l Milch oder Wasser
500 g Mehl
1-2 Eier
Salz

für die Füllung:
400 g Hackfleisch
   (vom Rind oder gemischt)
2-3 gehackte Zwiebeln
Pfeffer

◆ Für den Teig die Hefe in der Milch oder dem Wasser auflösen, etwas Mehl einrühren, so daß ein flüssiger Teig entsteht. 45 bis 60 Minuten an einem warmen Ort gehen lassen.

Das restliche Mehl, die Eier und eine Prise Salz zufügen und mindestens 15 Minuten kräftig kneten, bis der Teig glatt ist und nicht mehr an den Händen und am Schüsselrand kleben bleibt. Den Teig nochmals 90 Minuten gehen lassen. Längeres Gehen verschlechtert die Qualität.

Den Teig auf einem mit Mehl bestreuten Backbrett kneten und in etwa 1 cm starke kreisförmige Stücke (ähnlich wie Bliny, siehe Rezepte) aufteilen.

Für die Füllung das Fleisch mit den Zwiebeln vermischen, pfeffern und salzen. In die Mitte der Teigscheiben jeweils 1 EL Füllung geben und die Ränder ringsum schalenförmig hochdrücken.

In einer Pfanne das Fett erhitzen. Die Beljaschi braten, und zwar zunächst mit der belegten Seite nach unten.

Heiß auf einer Platte servieren.

Gebäck

Petschenje

Rum-Baba
Romowaja baba

für den Teig:
50 g Hefe
400 ml Milch
1 kg Mehl
7 Eigelb
½ Päckchen Vanillezucker
250 g Zucker
300 g Butter
200 g Rosinen
Salz

für den Sirup:
50 g Zucker
3-4 EL Rum

◆ Für den Teig die Hefe in 1 Tasse lauwarmer Milch auflösen. 600 g Mehl beifügen, durchkneten und eine Kugel formen. Auf einer Seite fünf bis sechsmal einschneiden, in eine Kasserolle mit 2 bis 2½ l lauwarmem Wasser geben und warmstellen.

Währenddessen die Eigelbe zu einer weißlichen Masse schlagen.

Wenn der Teig nach etwa 40 bis 50 Minuten an die Wasseroberfläche gestiegen ist und sein Volumen sich verdoppelt hat, mit einem Schaumlöffel herausnehmen und in eine Schüssel geben. Die restliche Milch, ¾ TL Salz, den mit dem Vanillezucker vermengten Zucker und die Eigelbe beifügen. Gut durchmischen, das restliche Mehl zugeben und den Teig gründlich kneten.

Die Butter schaumig schlagen, bis sie weiß ist. Unter den Teig mengen. Gut durchkneten, der Teig darf nicht zu dick sein. Mit einem Tuch zudecken und an einem warmen Ort gehen lassen.

Für den Sirup den Zucker in 350 ml Wasser aufkochen, vom Herd nehmen, den Rum zugießen, umrühren und erkalten lassen.

Wenn sich das Teigvolumen verdoppelt hat, die Rosinen untermengen, gut durchkneten und in mit Papier ausgelegte Backformen geben; das Papier zuvor mit Butter bestreichen. Die Formen jeweils zu einem Drittel füllen, mit einem Tuch bedecken und den Teig erneut gehen lassen. Wenn der Teig auf zwei Drittel bis drei Viertel der Höhe gestiegen ist, die Formen behutsam, ohne zu schütteln (da sich sonst der Teig setzt und zusammenfällt), 45 bis 60 Minuten in den auf 160° bis 180° vorgeheizten Backofen stellen. Gelegentlich die Formen sehr vorsichtig drehen. Zur Kontrolle die Rum-Baba mit einem Holzstäbchen durchstechen. Wenn es trocken bleibt, sind sie fertig. Aus der Form nehmen, seitlich auf einen Teller legen. Wenn sie abgekühlt sind, mit dem Sirup begießen. Dabei die Rum-Baba vorsichtig auf dem Teller wenden. Anschließend aufrichten, kurz trocknen lassen, auf einen mit Pergamentpapier bedeckten Teller legen und servieren.

Variante
Den Rum durch 4 bis 6 EL Wein oder Likör ersetzen.

◆ Für den Teig die Hefe in der Milch auflösen, die Hälfte des Mehls zufügen, gut verrühren und an einem warmen Ort gehen lassen.
Wenn sich das Teigvolumen verdoppelt hat, ¾ TL Salz hinzufügen. Den Zucker mit den Eiern verschlagen, bis die Masse weiß ist. Der Hefemasse beigeben. Nach und nach das restliche Mehl untermengen, gut durchkneten. Die zerlassene Butter hinzufügen und den Teig erneut kneten, bis er nicht mehr an den Händen kleben bleibt. Den Teig mit wenig Mehl bestreuen, mit einem Tuch abdecken und erneut gehen lassen.
Für die Füllung den Mohn in einer Kasserolle mit reichlich siedendem Wasser überbrühen, zudecken und 30 bis 40 Minuten bei Zimmertemperatur ziehen lassen. Das Wasser abschütten, den Mohn leicht ausdrücken und in einer Schüssel ein wenig zerstoßen. Dabei nach und nach den Honig hinzufügen. Schließlich den Zucker beigeben und alles zu einer festen Masse verrühren.
Wenn sich das Volumen des Teiges abermals verdoppelt hat, ihn auf einem Holzbrett zu einer Schicht von 1 cm Dicke ausrollen. Die Mohnmasse auf den Teig geben, gleichmäßig verteilen und den Teig zusammenrollen. Die Rolle auf ein mit Butter bestrichenes Backblech legen und an einem warmen Ort gehen lassen.
Mit dem verschlagenen Ei bestreichen und 20 bis 30 Minuten in den auf 180° vorgeheizten Backofen stellen.
Vor dem Servieren die Mohnrolle mit Puderzucker bestäuben und in Stücke schneiden.

Mohnrolle
Rulet s makom

Butter
1 Ei
Puderzucker

für den Teig:
30 g Hefe
300 ml lauwarme Milch
1 kg Mehl
200 g Zucker
5 Eier
100-125 g Butter
Salz

für die Füllung:
300 g Mohn
kochendes Wasser
150 g Honig
150 g Zucker

Krendel mit Mandeln
Krendel s mindaljom

40-50 g Hefe
300 ml Milch
1 kg Mehl
300 g Butter
12 Eigelb
200-250 g Zucker
½ Päckchen Vanillezucker
200 g Rosinen
100 g süße Mandeln
1-2 EL Puderzucker
Salz

◆ Die Hefe in der Milch auflösen, die Hälfte des Mehls zufügen, gut einrühren und an einem warmen Ort gehen lassen.
Die Butter schaumig schlagen, bis sie weiß ist. 11 Eigelb zusammen mit dem Zucker und dem Vanillezucker schlagen, bis die Masse schaumig-weißlich aussieht. Die Butter beifügen.
Wenn der Teig aufgegangen ist, die Butter-Eigelb-Mischung, ¾ TL Salz und das restliche Mehl untermengen und gut durchkneten, bis der Teig nicht mehr an der Schüssel haften bleibt. Die verlesenen, gewaschenen und getrockneten Rosinen untermengen; warmstellen.
Wenn der Teig abermals aufgegangen ist, auf ein mit Mehl bestreutes Holzbrett legen, kneten und zu einer langen Rolle formen, deren Enden etwas dünner sind. Die Enden miteinander verflechten, so daß ein Kranz entsteht. Auf ein Backblech legen und einige Minuten an einen warmen Ort stellen. Mit dem übrigen Eigelb bestreichen, mit den Mandeln bestreuen und 40 bis 50 Minuten in dem auf 180° vorgeheizten Ofen backen.
Den Krendel auf einen mit mehreren Papierschichten belegten Teller legen, damit er von unten abdampfen kann.
Vor dem Servieren mit Puderzucker bestäuben und auf einen mit Servietten ausgelegten Teller legen.

Moskauer Pontschiki
Moskowskije pontschiki

250 g Mehl
½ TL Natron
gemahlener Zimt
2 EL Zucker
1-2 EL Butter
1-2 Eier
¼ l Milch
Fett
Puderzucker

◆ Das Mehl mit dem Natron sowie einer Prise Zimt vermischen und sieben. Den Zucker sorgfältig mit der Butter und den Eiern verrühren. Die Milch nach und nach zugießen. Das Mehl langsam einstreuen und zu einem Teig verarbeiten. Diesen 5 mm dick ausrollen und mit einem großen Becher Kreise ausstechen. Diese nochmals mit einem kleineren Becher ausstechen, so daß Ringe entstehen. Die Teigreste wieder neu verarbeiten.
Das Fett erhitzen und die Ringe darin schwimmend ausbacken. Herausnehmen, gut abtropfen lassen und mit Puderzucker bestreuen.

◆ Für den Teig die weiche Butter schaumig schlagen. Unter ständigem Rühren die saure Sahne beifügen. Nach und nach die Hälfte des Mehls untermischen und zu einem Teig kneten. Diesen auf eine mit Mehl bestreute Oberfläche legen, das restliche Mehl zufügen und weitere 7 bis 10 Minuten kneten, bis eine homogene Masse entsteht.

Für die Füllung die Walnüsse durch den Wolf drehen, den Zucker und den Honig zugeben, mit dem Zimt würzen und alles gut vermengen.

Den Teig in Stücke von etwa 50 g teilen. Jedes zu einem sich einseitig verjüngenden Streifen ausrollen. Die Oberflächen mit Butter bestreichen, kleine Portionen der Füllung darauf verteilen und die Streifen vom breiteren Ende her zusammenrollen. Die Röllchen auf ein mit Butter bestrichenes Backblech legen, mit Eigelb bestreichen und 20 bis 30 Minuten in den auf 180° vorgeheizten Backofen stellen. Etwas Puderzucker mit Vanillezucker vermischen, die Röllchen damit bestreuen.

Variante
Den Zimt durch gemahlenen Kardamom ersetzen.

Nußröllchen
Orechowyje trubotschki

Butter
Eigelb
Puderzucker
Vanillezucker

für den Teig:
150 g Butter
200 g saure Sahne
600 g Mehl

für die Füllung:
300 g Walnüsse
200 g Zucker
50 g Honig
¼ TL gemahlener Zimt

Zitronenkeks
Keks limonnyj

6 Eier
150 g Butter
200 g Zucker
½ Päckchen Vanillezucker
½ Zitrone (Schale)
400 g Mehl
75 g Rosinen
Fett
Puderzucker

◆ Die Eier trennen. Die Butter mit dem Zucker und dem Vanillezucker zu einer lockeren Masse schlagen, bis der Zucker sich aufgelöst hat. Dreimal je 2 Eigelb zugeben und ständig rühren, bis eine weißliche Masse entsteht. Die geriebene Zitronenschale hinzufügen. Das Mehl langsam einrühren, die Rosinen beigeben. Alles gut mischen. Die Eiweiß steif schlagen und vorsichtig unterheben.
Den Teig in eine mit Fett bestrichene Form geben und 30 bis 50 Minuten (je nach Dicke der Teigschicht) in dem auf 180° vorgeheizten Ofen bakken. Abkühlen lassen und aus der Form nehmen. Den Keks mit Puderzucker bestreuen. Beim Servieren nach Wunsch in Stücke brechen.

Varianten
◆ Die Rosinen durch Sukkaden ersetzen.
◆ Den Teig in kleine Formen aus Papier oder Metall füllen. In diesem Fall die Kekse nur 15 bis 20 Minuten backen.

◆

Lebkuchen und Kulitschi
Prjaniki i Kulitschi

◆

Leb- oder Pfefferkuchen – *Prjaniki* und *Kulitschi* – galten neben *Warenje*, Feigen, Obstpasteten und Gebäckröllchen als wichtigste der gebackenen Süßigkeiten. Erst während der letzten hundert Jahre gesellten sich verschiedene Torten, Cremes, Puddings und Eiscremes hinzu.

Trotzdem erfreuen *Prjaniki* und *Kulitschi* sich nach wie vor großer Beliebtheit. Sie bestehen aus einem festen Teig mit vielen Zutaten, Gewürzen und Gewürzmischungen: Nüsse, Honig, Rosinen, Trockenfrüchte, *Warenje*, Zimt. Erst durch sie werden russische Konditoreiwaren so aromatisch, schmackhaft und sättigend.

Die Lebkuchen unterscheiden sich in der Teigkonsistenz und dem Aroma wesentlich von den *Kulitschi*. Man kannte sie bereits in grauer Vorzeit als eine Art Brot, sie waren und blieben preiswert und einfach in der Zubereitung.

Kulitschi indessen wurden »übers Meer« eingeführt, aus Byzanz, und von jeher als festliches, teures und in der Zubereitung aufwendiges Gebäck angesehen.

Prjaniki

Die ersten *Prjaniki* gab es in Rußland bereits im 9. Jahrhundert. Damals wurden sie aus einem einfachen Gemisch aus Roggenmehl, Honig und Beerensaft hergestellt. Diese simplen, doch womöglich schmackhaftesten Lebkuchen bestanden zur Hälfte aus Honig und wurden deshalb zunächst als Honigbrot bezeichnet. *Prjaniki* hießen sie erst ab dem 11. und 12. Jahrhundert, als man ihnen eine immer größere Anzahl der unterschiedlichsten Gewürze hinzufügte, die *prjanosti*. Für russische Lebkuchen werden Gewürze wie Zimt, Kardamom, Gewürznelke, Piment, Sternanis, Muskatblüte (Macis), Anis, Ingwer, Muskatnuß, Koriandersamen, seltener auch Vanille verwendet. In den einzelnen Rezepten werden sie oft nicht eigens erwähnt, ihre Verwendung bleibt der Phantasie, Vorratshaltung und persönlichen Vorliebe überlassen. Weitere wichtigen Zutaten sind weißer und schwarzer Konditorsirup, karamelisierter Zucker und Honig, den man nicht nur bei Honiglebkuchen braucht. Für einige Rezepte verwendet man *Warenje*, getrocknete Beeren, Gelee: Sie dienen als Füllung oder Zwischenschicht zwischen zwei Lebkuchen bzw. werden dem Teig beigefügt.

Die Teigzubereitung ist einfach, sie beinhaltet hauptsächlich das Vermengen aller angegebenen Zutaten. Der Teig soll gründlich durchgeknetet werden und in manchen Fällen 15 Minuten vor dem Backen ruhen.

»Geschlagene *Prjaniki*« wurden früher mit Holzspaten aus einem Teigklumpen geschlagen, der »ein *pud* schwer« war: Ein *pud* entsprach 16,38 Kilogramm. Honig und saure Sahne dienten in der alten russischen Küche als Treibmittel, man fügte sie dem Teig allerdings nur in geringen Mengen bei. In Verbindung mit Honig gärt saure Sahne ein wenig, wobei sich Gase bilden, die den Teig leicht und fast unmerklich auflockern. In der heutigen Backwarenfabrikation werden überwiegend Treibmittel wie Soda, Hirschhornsalz oder Backpulver zugesetzt.

Einige Lebkuchensorten waren in vielen Gegenden Rußlands bekannt und wurden zu den verschiedensten Anlässen hergestellt. Im Norden buk man große Hochzeits-*Prjaniki*, die in dreißig bis vierzig Stücke geteilt wurden. Das Auftragen eines solchen Lebkuchens bedeutete den Gästen, ein Stückchen davon zu nehmen und dann nach Hause zu gehen…

Russische Lebkuchen werden – mit Ausnahme der Minze- oder Wjasjmaer Lebkuchen – mit Glasur überzogen. Auch für diese existieren unterschiedliche Rezepte, einfache und arbeitsaufwendigere. Viele Lebkuchen, wie die aus Tula, Wjasjma und Gorodez, besitzen ein Reliefmuster.

Ein *Kulitsch* ist eine Art gehaltvoller Kuchen, der nur zu besonderen Festtagen wie Neujahr, Erntedankfest oder Ostern gebacken wird. Seine Zubereitung kostet Zeit – und Geld, da man viele wertvolle Zutaten benötigt.

Kulitschi

Zu den wichtigsten Ingredienzien zählen feines, trockenes Weizenmehl bester Qualität, Eier, Butter, Milch oder Sahne, Zucker und sehr frische Hefe. Außerdem benötigt man Rosinen, kandierte Früchte, Zitronat oder Orangeat sowie echten Safran. Die Rosinen können durch kandierte Früchte oder Mandeln ersetzt werden. Weitere Gewürze sind Vanille, geriebene Zitronenschale, Kardamom, Gewürznelke. Gewürze spielen allerdings bei der *Kulitsch*-Zubereitung eine untergeordnete Rolle, sie dürfen das eigentliche Teigaroma nicht »zerschlagen«.

Bei den unterschiedlichen Rezepten variieren vor allem das Verhältnis von Eiern, Milch und Butter. Die Reihenfolge der Arbeitsgänge und der Beigabe von einzelnen Zutaten hingegen bleibt stets gleich und sollte unbedingt eingehalten werden:

- ◆ Zubereitung der *Opara*, des Sauerteigs
- ◆ Zubereitung des Hefegemischs
- ◆ Zubereitung der *Zaliwka*, einer Mischung aus Eiern und Milch
- ◆ Zusammenrühren des ersten, vorläufigen Teigs
- ◆ Herstellung des zweiten, des Grundteigs
- ◆ Zusammenstellung des dritten und endgültigen Teigs

Bei jedem Arbeitsgang wird dem Teig eine weitere Zutat zugefügt. Der Teig für *Kulitschi* wird nach und nach zusammengemischt, er wächst buchstäblich wie ein Schneeball. Zwischendurch sind Pausen vorgesehen, in denen der Teig mehrfach gehen soll, weshalb die Zubereitung mehrere Stunden dauert. Jedesmal muß der *Kulitsch* tüchtig durchgeknetet werden, damit er leicht, aber »festfaserig« und nicht dick wie ein einfacher Mürbeteig wird.

Der fertig zubereitete Teig verhält sich geradezu kapriziös. Er darf nicht »erfrieren« und geht am besten bei einer Raumtemperatur von 29°. Die Wärme darf jedoch nicht von unten kommen, sonst breitet sich der Teig aus und zerläuft, anstatt nach oben zu gehen.

Der Backofen muß auf 180° vorgeheizt sein. Die Springform nicht einfetten, sondern mit Papier auslegen, das mit Butter bestrichen wurde.

Der *Kulitsch*-Teig darf die Backform nur zur Hälfte, höchstens zu zwei Dritteln füllen, da er während des Backens steigt und sein Volumen sich verdoppelt.

Die Backzeiten hängen vom Gewicht eines *Kulitsch* ab: Bei 1 Kilogramm Gewicht benötigt er 45 Minuten, bei 1,5 Kilogramm eine Stunde und bei 2 Kilogramm eineinhalb Stunden. Es lohnt sich nicht, kleinere *Kulitschi* zu backen, da sie leicht austrocknen, ihr Aroma verlieren und weniger gut schmecken. Von daher sollte die Teigmenge nicht weniger als 600 Gramm betragen. Gebackene *Kulitschi* lassen sich problemlos eine Woche aufbewahren, ohne an Qualität einzubüßen.

In Rußland werden zu Ostern in den Bäckereien *Kulitschi* in großen Mengen verkauft: Die Russen tragen sie in die Kirche und lassen sie weihen.

Hausgemachter Kulitsch
Kulitsch domaschnij

mehrere Stunden
gehen lassen

200 ml Milch
1 kg Mehl
50 g Hefe
12 Eigelb
250 g Zucker
200 g Butter
25 ml Weinbrand
3 TL geriebene
    Zitronenschale
½ TL Muskatblüte
1 TL Safrantinktur oder
    4-6 Safranfäden
4 TL Vanillezucker
100 g Rosinen
25 g kandierte Früchte
Salz

◆ 100 ml Milch mit 100 g Mehl vermischen und unter ständigem Rühren aufkochen, bis eine elastisch-zähe Masse entsteht.

Die Hefe in der restlichen, lauwarmen Milch auflösen, mit 100 g Mehl verrühren und 10 Minuten stehen lassen.

Die Hefemischung mit dem Teig vermengen, zudecken und mindestens eine Stunde gehen lassen.

Die Zaliwka zubereiten. Dafür 10 Eigelb mit dem Zucker und einer Prise Salz zu einer homogenen Masse verrühren und schaumig schlagen.

Die Hälfte der Zaliwka in den Hefeteig gießen, 250 g Mehl beifügen, alles gut durchkneten und eine Stunde gehen lassen.

Danach die andere Hälfte der Zaliwka zugießen, 500 g Mehl beigeben und solange kneten, bis der Teig nicht mehr an den Händen haften bleibt. Schließlich die flüssige Butter in kleinen Portionen zugießen und durchkneten. Den Weinbrand, die Zitronenschale, die Muskatblüte, den Safran und den Vanillezucker zugeben, abermals kneten. Den Teig wieder gehen lassen.

Zwei Drittel der Rosinen und der kandierten Früchte in 50 g Mehl wälzen, dem Teig zufügen, ein viertes Mal gehen lassen. Den Teig für zwei Kulitsch halbieren und damit zwei Springformen jeweils bis zur Hälfte füllen. Mit den übrigen Rosinen sowie kandierten Früchte bestreuen und ein letztes Mal gehen lassen, bis der Teig zwei Drittel der Form ausfüllt.

Den Teig mit den restlichen Eigelben bestreichen und in den auf 180° vorgeheizten Ofen stellen. Bei konstanter Temperatur etwa 45 Minuten backen. Sobald die Oberfläche der beiden Kulitschi goldgelb geworden ist, mit einem feuchten Papierkreis abdecken. Um zu prüfen, ob ein Kulitsch gar ist, durchsticht man ihn mit einem Holzstäbchen: Es muß trocken bleiben; bleibt Teig am Stäbchen haften, ist er noch roh.

Varianten
- Die Zitronenschale durch Kardamom ersetzen.
- Statt Muskatblüte geriebene Muskatnuß verwenden.

◆ Den Honig in einem niedrigen Topf bei geringer Hitze kochen, den Schaum abschöpfen. Einen Teil des Honigs herausnehmen, im verbleibenden Rest das Roggenmehl kochen und den zuvor entnommenen Honig wieder zugeben. Abkühlen lassen, bis die Masse lauwarm geworden ist. Daraufhin kräftig schlagen, bis der Teig weißlich aussieht.
Den Zucker in einem kleinen, dickwandigen Metalltopf erhitzen, bis er zu einem zähen Sirup verläuft. Bei mäßiger Hitze ständig umrühren, bis dieser gelb wird. Die Temperatur verringern und weiterrühren, bis die Masse gelbbraun geworden ist. Der Zucker darf dabei nicht anbrennen, er muß nach Karamel duften.
Den karamelisierten Zucker mit den Eigelben verrühren. Die Milch zugießen, das mit dem Soda oder Backpulver vermischte Weizenmehl, die Gewürze sowie die Zitronenschale beifügen; gut rühren.
Die Roggen-Honig-Masse mit der Sahne vermischen und dem Weizenmehlteig zugeben. Sofort durchschlagen. Den fertig vorbereiteten Teig in eine mit Butter bestrichene Form oder auf ein Backblech 1 bis 2 cm dick auftragen, glätten und in dem auf 200° vorgeheizten Ofen backen.
Den Lebkuchen in Quadrate schneiden. Nicht glasieren.

Variante
Die Milch durch Sauermilch ersetzen.

Honiglebkuchen
Medowyje prjaniki

500 g Honig
100 g Roggenmehl
1 EL Zucker
2 Eigelb
150-200 ml Milch
½ TL Soda oder Backpulver
400 g Weizenmehl
1 TL gemahlener Zimt
2 gemahlene
   Kardamomkapseln
4 gemahlene Gewürznelken
½ TL gemahlener Sternanis
1 TL geriebene
   Zitronenschale
125 ml Sahne
Butter

Himbeerlebkuchen
Malinowyje prjaniki

4 Tassen getrocknete
   Himbeeren
4 Tassen kochendes Wasser
3 Tassen Honig
1-1½ Tassen zerbröckelter
   Roggenzwieback
1 TL Vanillezucker
2-3 EL Puderzucker

◆ 3 Tassen Himbeeren mit dem Wasser übergießen und bei geringer Temperatur vollkommen weich kochen. Anschließend 3 Tassen dickflüssigen Saft auspressen. Den Saft mit dem Honig vermengen und aufkochen.

Die restlichen Himbeeren zerkleinern. Mit dem Zwieback mischen, der Honig-Himbeer-Masse beifügen und zu einem zähen Teig vermengen.

Diesen in einen niedrigen emaillierten Topf oder eine emaillierte Schüssel geben und im Wasserbad so erwärmen, daß die Beeren zerkochen und die Zwiebackmasse ausquillt. Danach den Teig in Fladen auf ein Backblech legen und in den auf etwa 200° vorgeheizten Ofen stellen. Den Ofen ausschalten, die Lebkuchen trocknen lassen.

Die getrockneten Lebkuchen in einem Gemisch aus dem Vanillezucker und dem Puderzucker wälzen.

◆

»Plinsen«
Bliny

◆

Bliny sind eine der ältesten russischen Speisen, bekannt bereits in vorchristlicher Zeit Anfang des 1. Jahrhunderts. Das Wort *blin* lautete ursprünglich *mlin* und leitete sich von *molot* (mahlen) ab. Es bedeutete also eine aus gemahlenem Getreide zubereitete Speise.

Der siebenwöchigen Fastenzeit vor Ostern geht die *masleniza* (*maslo* bedeutet: Butter) voraus. Zu dieser Zeit wurden in jedem Haus *Bliny* gebacken und mit Butter gegessen.

Bliny bestehen aus wenig Mehl, da der Teig ziemlich flüssig sein muß, Hefe lockert ihn auf. Die russischen *Bliny*, die im Ausland oft mit Plinsen oder Pfannkuchen verglichen bzw. verwechselt werden, zeichnen sich durch spezifische Qualitäten aus. Sie sind leicht, locker, porös, herrlich weich sowie halb durchsichtig. Sie saugen saure Sahne oder zerlassene Butter wie ein Schwamm in sich auf und werden auf diese Weise saftig, glänzend und sehr schmackhaft. Man ißt *Bliny* zum Frühstück, zum Tee, als Abendessen, mit Pilzen, Kaviar oder *Warenje*.

Vorbereitung des *Bliny*-Teigs

Beim Vorbereiten des Teigs sollten folgende vier Faktoren berücksichtigt werden:

◆ Reichlich, allerdings nicht zuviel frische Hefe verwenden.

◆ Den Teig in allen Phasen seiner Zubereitung sehr sorgfältig schlagen und rühren, so daß nicht ein einziges Klümpchen bleibt.

◆ Die Temperatur der Milch, die gegebenenfalls dem gegangenen Teig beigegeben wird, darf nicht unter 45° betragen. Am besten bringt man hierfür die Milch fast, jedoch nicht völlig zum Kochen und läßt sie entsprechend abkühlen.

◆ Wird der gegangene Teig nicht mit Milch übergossen, so fügt man dem Teig unmittelbar vor dem Ausbacken behutsam eine Mischung aus Sahne und Eiweiß zu. Die Sahne leicht schlagen und den steifen Eischnee beigeben – nicht umgekehrt. Dies macht die *Bliny* locker, zart und porös.

Der Teig wird fünf bis sechs Stunden vor dem Backen hergestellt und heißt dann *Opara*. Zunächst nur einen Teil des Mehls mit der Hefe sowie Wasser oder Milch anrühren. Sobald die *Opara* »angegangen« ist, das restliche Mehl, Salz, Zucker und Butter beifügen. Manchmal wird diese Mischung mit heißer Milch überbrüht. In diesem Stadium nennt man den Teig *Zawarnyje*. Nun rührt man Sahne und Eischnee unter, und der Teig muß erneut gehen.

Das Teigvolumen steigt im Verlauf der Zubereitung auf das Zwei- bis Dreifache. Vor dem Ausbacken muß der Teig eine steife Konsistenz (wie saure Sahne) besitzen. Das erreicht man am besten mit einem Mischungsverhältnis von fünf Tassen Mehl und fünf Tassen Flüssigkeit (Wasser oder Milch, Eier, Sahne und aufgelöste Hefe).

Vorbereitung des Geschirrs zum Ausbacken

Echte *Bliny* gelingen nur in kleinen schwarzen, gußeisernen Pfannen. Notfalls lassen sich teflonbeschichtete Pfannen verwenden.

Während der Vorbereitung und auch später die gußeisernen Pfannen nie mit Wasser säubern. Zur Reinigung auf den Herd stellen, etwas Öl hineingießen, 1 EL Salz hineinstreuen, gut ausglühen und leicht abkühlen lassen. Nun die heiße Pfanne mit Papiertüchern schnell und sorgfältig ausreiben. Ein zweites Mal mit Salz bestreuen, erneut mit Papiertüchern ausreiben und schließlich mit einem Lappen putzen. Bleibt der Lappen sauber, ist die Pfanne vorbereitet. Andernfalls gelingen *Bliny* nicht: Der Teig wird anbrennen. Ein russisches Sprichwort lautet: »Der erste *Blin* wird immer ein Klumpen« *(perwyj blin komom)*, was soviel bedeutet wie »Aller Anfang ist schwer.« Wenn das passiert, muß die Pfanne erneut gesäubert werden, sonst verdirbt man auch alle weiteren *Bliny*. So stellt der erste *Blin* stets einen Prüfstein für Teig und Pfanne dar.

Ausbacken der *Bliny*

Das Ausbacken gestaltet sich einfach: Die erhitzte Pfanne wird mittels eines Küchenpinsels mit Butterschmalz oder Sonnenblumenöl eingefettet. Die verwendete Fettmenge ist außerordentlich wichtig: Bei zuwenig Fett brennen die *Bliny* an, bei zuviel werden sie dick und uneben.

Den Teig mit einem Schöpflöffel in die Mitte der heißen, mit Fett ausgestrichenen Pfanne gießen. Er sollte eine dünne Schicht bilden und den ganzen Boden bedecken. Den *Blin* 1 bis 2 Minuten auf einer Seite backen. Sobald er sich hebt und seine Ränder sich zu bräunen beginnen, auf der Oberseite mit Fett bestreichen und wenden. ½ bis 1 Minute auf der anderen Seite bräunen und sofort auf einen – unbedingt vorgewärmten – Teller legen. Die *Bliny* jeweils leicht mit Butter bestreichen und zu einem Stapel aufeinanderlegen. Mit einem Tuch bedecken, damit sie nicht abkühlen.

Verschiedene Arten von *Bliny*

Bliny unterscheidet man nach den Mehl- und Graupenarten, aus denen sie hergestellt sind: Roggen, Weizen, Buchweizen, Hirse, Grieß. Gebackene *Bliny* werden in saure Sahne oder Butter getaucht, mit gesalzenem Fisch wie Lachs oder Hering bzw. mit Kaviar gefüllt. Seltener gibt man Füllungen unmittelbar während des Ausbackens zu, indem man beispielsweise hartgekochte, gehackte Eier und gehackte Zwiebeln in die Pfannenmitte legt und mit Teig übergießt – oder die fast ausgebackenen *Bliny* mit Butter bestreicht, darauf eine dünne Schicht Quark, der mit rohem Ei vermischt wurde, verteilt und schnell wendet. Dabei den *Blin* an den Pfannenboden pressen; das nennt man »im Glühen braten« *(prisharit w pylu).*

Es können auch mehrschichtige *Blintschatyje pirogi* zubereitet werden, die aus übereinandergestapelten *Bliny* bestehen. Dazwischen verteilt man unterschiedliche Füllungen. Die *Bliny*-Stapel werden mit verschiedenen Zutaten wie Eiern, Mehl oder Milch im Ofen überbacken.

◆ 1 Tasse kaltes Wasser mit der gleichen Menge Mehl vermengen. Das heiße Wasser zugießen, gut umrühren und abkühlen lassen. Die Hefe beifügen, den Teig gehen lassen.
Das restliche Mehl mit dem Zucker und 1 TL Salz zugeben, vermengen; erneut gehen lassen.
In dem Sonnenblumenöl ausbacken.

Variante
Das Buchweizen- durch Weizenmehl ersetzen.

Buchweizen-»Plinsen«
Gretschnewyje bliny

5-6 Stunden gehen lassen

700 g Buchweizenmehl
700 ml heißes Wasser
25 g Hefe
1 TL Zucker
¾ Tasse Sonnenblumenöl
Salz

◆ Die Eier trennen. Die Butter mit den Eigelben verrühren, abwechselnd das Mehl sowie insgesamt 600 ml Milch zugeben und rühren. Die Hefe beifügen, gut untermischen und gehen lassen. Die restliche Milch erhitzen, die Eiweiß zu Schnee schlagen. Den Zucker und 1 TL Salz dem Teig zufügen, die warme Milch hinzugießen, den Eischnee unterziehen, alles gut vermengen und abermals gehen lassen.
In dem Sonnenblumenöl ausbacken.

**Buchweizen-»Plinsen«
mit Milch**
Gretschnewyje bliny na moloke

5-6 Stunden gehen lassen

2 Eier
25 g Butter
700 g Buchweizenmehl
900-1000 ml Milch
25 g Hefe
1 TL Zucker
¾ Tasse Sonnenblumenöl
Salz

Weizen-Buchweizen-»Plinsen« mit Butter
Gretschnewo-pschenitschnyje bliny sdobnyje

5-6 Stunden gehen lassen

350 g Buchweizenmehl
800 ml Milch
25 g Hefe
5 Eier
350 g Weizenmehl
50 g Butter
2 TL Zucker
¾ Tasse Sonnenblumenöl
    oder Butterschmalz
Salz

◆ Das Buchweizenmehl mit 1 Tasse kalter Milch verrühren. 2½ Tassen Milch erwärmen, darübergießen und abkühlen lassen. Die Hefe beifügen, gut untermischen und an einem warmen Ort gehen lassen.
Den Teig durchrühren und schlagen. Die Eier trennen. Das Weizenmehl, die Butter, die mit dem Zucker verrührten Eigelbe, die restliche Milch und 1 TL Salz hinzufügen. Die steifgeschlagenen Eiweiß unterziehen. Den Teig nochmals gehen lassen.
In dem Sonnenblumenöl oder Butterschmalz ausbacken.

Zaren-»Plinsen«
Zarskije bliny

200 g Butter
6 Eigelb
100 g Mehl
400 ml Sahne
½ EL Pomeranzenwasser
Butterschmalz
Puderzucker
Zitronensaft
Warenje nach Geschmack
    (siehe Rezepte)

◆ Die Butter zerlassen und mit den Eigelben – stets in eine Richtung rührend – gut verquirlen, bis die Masse schäumt. Abkühlen lassen.
Das Mehl mit 300 ml Sahne verrühren. Unter ständigem Rühren köcheln, bis die Masse so dick geworden ist, daß sie zum Backen geeignet ist. Abkühlen lassen. Die Butter-Eier-Masse zugeben, alles gut vermengen. Dabei immer in dieselbe Richtung rühren. Die restliche Sahne steif schlagen und mit dem Pomeranzenwasser unter den Teig ziehen.
In Butterschmalz ausbacken.
Die gebackenen Bliny nicht mit einem Messer aus der Pfanne nehmen, sondern auf einen Teller stürzen. Dabei jeden Blin mit etwas Puderzucker bestreuen und mit Zitronensaft beträufeln. Den Bliny-Stapel mit Warenje übergießen. Heiß servieren.

Variante
Das Pomeranzenwasser durch ½ TL geriebene Orangenschale oder -aroma ersetzen.

Straßenverkauf
in St. Petersburg

Am »Finnischen
Bahnhof« von
St. Petersburg

Marktfrau mit
Gemüse- und
Blumensamen

Der Teig für *Oladji* muß fest sein, etwa wie saure Sahne. Wenn er gegangen ist, nimmt man ihn mit einem in kaltem Wasser angefeuchteten Löffel aus der Schüssel und gibt ihn löffelweise in die Friteuse oder brät ihn in einer mit Butter ausgestrichenen Pfanne auf beiden Seiten. *Oladji* werden mit Zucker bzw. Zimtzucker bestreut, mit Honig bestrichen oder mit Kompott, *Warenje* oder süßem Sahnequark serviert.

»Teigplätzchen«
Oladji

◆ Die Hefe in der erwärmten Milch auflösen, das Mehl unterrühren und den Teig an einem warmen Ort gehen lassen.
Die Eier, 1 EL Butter, den Zucker sowie ½ TL Salz untermengen und den Teig ein zweites Mal gehen lassen.
Ohne den Teig erneut aufzurühren, die Oladji mit einem feuchten Löffel abstechen und in der übrigen Butter auf beiden Seiten braten.

Variante
Dem Teig verlesene, gewaschene Rosinen zufügen.

»Teigplätzchen«
Oladji

5-6 Stunden gehen lassen

25 g Hefe
400 ml Milch
500 g Mehl
2 Eier
3-4 EL Butter
1-2 EL Zucker
Salz

◆ Die Hefe in der erwärmten Milch auflösen, die Butter, die Eier, den Zucker und ½ TL Salz zugeben, alles vermengen. Nach und nach das Mehl einstreuen und gut unterrühren. Den Teig mit einer Serviette bedeckt an einem warmen Ort gehen lassen.
Die Äpfel schälen, vierteln, das Gehäuse entfernen, in Scheiben schneiden und kurz vor dem Backen dem gegangenen Teig beifügen.
Ohne den Teig erneut aufzurühren, die Oladji mit einem feuchten Löffel abstechen und in Butterschmalz auf beiden Seiten braten.

Apfel-»Teigplätzchen«
Oladji s jablokami

5-6 Stunden gehen lassen

25 g Hefe
½ l Milch
2 EL Butter
2 Eier
1 EL Zucker
500 g Mehl
3-4 Äpfel
Butterschmalz
Salz

»Plinsen«
Blintschiki

Blintschiki brauchen einen dünnflüssigen Teig aus Mehl, Milch, Eiern und Zucker. Sie können *à la nature*, mit Honig bestrichen, mit Zucker bestreut oder mit verschiedenen Füllungen wie Fleisch, Quark oder Äpfel serviert werden. Man kann sie problemlos einfrieren und wieder erhitzen.

»Plinsen« mit Quarkfüllung
Blintschiki s tworogom

6-7 EL Butter
1 Eiweiß
Puderzucker
150 g saure Sahne

für den Teig:
1 Ei
1 EL Zucker
750 ml Milch
300 g Mehl
Salz

für die Füllung:
500 g Quark
1 Eigelb
150 g Zucker
geriebene Zitronen- oder
   Orangenschale
1 EL Butter

◆ Für den Teig das Ei in einer Schüssel verschlagen, den Zucker und ⅓ TL Salz beigeben. ¼ l Milch zugießen und gut durchrühren. Das Mehl und die restliche Milch unter ständigem Rühren nach und nach hinzufügen.
Eine erhitzte Pfanne oder einen Tiegel sorgfältig mit Butter einstreichen und ein wenig von dem flüssigen Teig hineinschütten, so daß eine hauchzarte Teigschicht den Pfannenboden bedeckt. Bei mittlerer Hitze kurz und leicht auf einer Seite bräunen, mit einem dünnen Messer abheben und auf einen Teller legen. Die Pfanne sofort wieder mit Butter einfetten und den nächsten Blintschik zubereiten. Die Blintschiki müssen sehr dünn sein.
Für die Füllung den Quark durch ein Sieb streichen, das Eigelb, den Zucker, ½ TL Salz, eine Prise Zitronen- oder Orangenschale und die zerlassene Butter untermischen; alles gut verrühren. Die gebräunte Seite der Blintschiki mit jeweils 1 EL Quark belegen, die Ränder mit dem geschlagenen Eiweiß bestreichen und zusammenfalten. Eine Pfanne erhitzen, etwas Butter zerlaufen lassen und die gefüllten Blintschiki bei mittlerer Hitze von beiden Seiten goldbraun braten.
Heiß mit Puderzucker bestreut servieren. Dazu saure Sahne reichen.

Bemerkung
Blintschiki werden zum Frühstück oder abends gegessen.

◆ Für den Teig die Eier trennen. Die Eigelbe mit 100 ml Milch verquirlen. ¾ TL Salz zugeben und das Mehl allmählich mittels eines Schneebesens unterrühren. Es dürfen keine Klumpen entstehen.

Die zerlassene Butter beifügen, die übrige Milch langsam zugießen und die steifgeschlagenen Eiweiß unterziehen.

Für die Füllung das Fleisch kochen und durch den Fleischwolf drehen. Die Zwiebel in der Butter bräunen, das Fleisch zugeben und leicht anbraten. Die gehackten Eier untermischen, Dill nach Geschmack hinzufügen, pfeffern und salzen.

Eine Pfanne erhitzen und mit etwas Butterschmalz einfetten. Einen kleinen Schöpflöffel voll Teig in die Pfanne gießen und den dünnen Blintschik auf einer Seite backen. Auf einen vorgewärmten Teller legen und mit einer Serviette bedecken. Zunächst alle Blintschiki backen.

Die gebräunte Seite der Blintschiki mit jeweils 1 EL abgekühlte Füllung belegen. Den Blin zusammenfalten und von der dritten Seite her aufrollen. Die vierte Seite mit Eiweiß sparsam bestreichen und den Teig ankleben.

Etwas Butter zerlaufen lassen, die Teigröllchen nebeneinander darin braten.

Heiß mit der Petersilie bestreut servieren.

»Plinsen« mit Fleischfüllung
Blintschiki s mjasnoj natschinkoj

Butterschmalz
2 Eiweiß
Butter
1 Bund gehackte Petersilie

für den Teig:
2 Eier
600 ml Milch
350 g Mehl
50 g Butter
Salz

für die Füllung:
400 g Rindfleisch (z.B. Filet)
1 gehackte Zwiebel
1 EL Butter
2-3 hartgekochte Eier
gehackter frischer Dill
Pfeffer

◆

Klöße und Teigwaren
Kljocki i Makaronnyje izdelija

◆

Russische Klöße (*Kljocki*) haben eine längliche Form und nach Möglichkeit alle dieselbe Größe. In zerlassener Butter, Paniermehl oder – sehr häufig – saurer Sahne bilden sie ein eigenständiges Gericht oder dienen als Beilage zu Fleischgerichten. Die Klöße werden aus Mehl oder Grieß zubereitet. Man taucht zunächst einen Eßlöffel in heißes Wasser, sticht damit die Klöße vom Teig ab und gibt sie in siedendes Salzwasser.

Pelmeni heißt eine Art Maultaschen mit Fleischfüllung. Dieses Gericht stammt aus Sibirien und war eine beliebte Speise der Kutscher auf ihren langen Reisen durch das riesige, kalte Land. Die *Pelmeni* wurden zu Hause vorbereitet und eingefroren. So hatte man sie entweder stets vorrätig oder konnte sie auf eine Reise mitnehmen. Unterwegs brauchte man nur ein Feuer zu entfachen, einen Kessel mit Wasser aufzuhängen bzw. etwas Schnee zu schmelzen und die *Pelmeni* darin zu garen. In den harten Wintern war diese warme, gut sättigende Speise ein wahrer Segen.

Weizenmehlklöße
Kljocki iz pschenicnoj mukili krupy w masle

4 EL Butter
200 g Weizenmehl
5 Eier
Salz

◆ ¾ l Wasser in einer Kasserolle zum Kochen bringen, 1 EL Butter und ½ TL Salz beifügen. Das Mehl einstreuen und unter ständigem Rühren 6 bis 8 Minuten kochen. Den heißen Teig vom Herd nehmen und unverzüglich die Eier hineinschlagen, dabei jedes einzeln unterrühren.

Aus dem Teig Klöße formen und in siedendem Salzwasser 5 bis 7 Minuten garen. Mit einem Schaumlöffel herausnehmen und abtropfen lassen. Auf einem Teller mit der restlichen, zerlassenen Butter übergießen und servieren.

Varianten
◆ Das Weizenmehl durch Grieß ersetzen.
◆ Die Klöße statt mit Butter mit saurer Sahne servieren.

Pelmeni

1 Eiweiß
Butter
gehackte frische Petersilie

für die Füllung:
2 geviertelte Zwiebeln
300-400 g Hackfleisch
  vom Schwein
schwarzer Pfeffer
Salz

für den Teig:
1 Ei
250 g Mehl

◆ Für die Füllung die Zwiebeln durch den Wolf drehen oder hacken, mit dem Hackfleisch vermischen, einige EL Wasser beifügen, pfeffern und salzen.

Für den Teig das Ei mit dem Mehl vermischen, 3 EL Wasser dazugeben und salzen. Zu einem ziemlich festen Nudelteig kneten und sehr fein ausrollen. Der Teig darf nicht reißen.

Pelmeni lassen sich auf drei Weisen herstellen:

◆ Den ausgerollten Teig mit einem Becher ausstechen. Auf die Hälfte der Teigscheiben je 1 TL Füllung geben, die Ränder mit Eischnee bestreichen, eine zweite Teigscheibe auflegen und fest andrücken.

◆ Den ausgerollten Teig mit einem Becher ausstechen. Auf jede Teigscheibe 1 TL Füllung geben, die Ränder mit Eischnee bestreichen, zusammenklappen und fest zusammendrücken.

◆ Auf die Hälfte der ausgerollten Teigmasse in gleichen Abständen je 1 TL Füllung geben, mit der zweiten Teigfläche abdecken, den Teig mit der Hand vorsichtig um die Rundungen herum anpressen, dann mit einem Becher ausstechen und die Ränder fest zusammendrücken.

Im siedendem Salzwasser 10 bis 15 Minuten kochen, mit dem Schaumlöffel herausnehmen und auf einen heißen Teller legen. Mit zerlassener Butter übergießen und mit Petersilie bestreuen. Sofort servieren, da abgekühlte Pelmeni nicht mehr gut schmecken.

Varianten

◆ Statt des Hackfleischs vom Schwein gemischtes Hackfleisch oder Hackfleisch aus fettem Rinderfilet verwenden.

◆ Für die Füllung gehackte Rinderleber nehmen. In diesem Fall die Pelmeni, mit saurer Sahne übergossen, in einem Tontopf im Backofen garen.

◆ Den Eischnee durch Wasser ersetzen.

◆ Die Pelmeni statt mit zerlassener Butter mit saurer Sahne oder etwas Essig servieren.

◆ Statt Petersilie Dill verwenden.

Gebratene Nudeltaschen
Tschebureki

1 Eiweiß
200 g Schmalz

für die Füllung:
50 g Reis
400 g Hammelfleisch
100 g Hammelfett
1-2 geviertelte Zwiebeln
1 Bund gehackte Petersilie
Pfeffer
Salz

für den Teig:
500 g Mehl
1 Ei

Tschebureki ist ein kaukasisches Gericht und bei den Russen als kleine Zwischenmahlzeit für unterwegs sehr beliebt. Tschebureki verkauft man an Orten, wo viele Passanten anzutreffen sind: vor Metrostationen, Kinos, Sportanlagen, in Stadtparks und auf Bahnhöfen, aber auch in Imbißstuben. Es gab sogar »Pavillons«, in denen ausschließlich Tschebureki als Hauptgericht verkauft wurden, die Tscheburetschnyje. Heutzutage ist das Angebot durch die schlechte Versorgungslage und die Konkurrenz amerikanischer Schnellimbißketten stark zurückgegangen.

◆ Für die Füllung den Reis kochen. Das Hammelfleisch mit dem Hammelfett und den Zwiebeln durch den Wolf drehen oder alles in sehr kleine Stücke schneiden. Die Petersilie und 2 bis 3 EL Wasser beifügen, pfeffern, salzen, gut mischen. Den gekochten Reis abkühlen lassen und ebenfalls zum Fleisch geben.
Für den Teig das Mehl mit 375 ml Wasser, dem Ei und ½ TL Salz zu einem festen Nudelteig kneten. Diesen 1 mm dünn ausrollen und mit einer kleinen Teetasse Teigscheiben ausstechen.
Die Scheibenränder jeweils mit etwas Eischnee bestreichen. Eine Hälfte mit etwas Füllung belegen, die andere Hälfte darüberklappen und die Ränder fest zusammendrücken.
In einer Pfanne das Schmalz erhitzen und die Tschebureki darin braten.

Varianten
◆ Das Hammelfleisch durch anderes Fleisch (jedoch kein Hühnerfleisch) ersetzen.
◆ Statt Scheiben Quadrate von etwa 15 mal 15 cm Größe ausschneiden, die Füllung darauf verteilen und mit Eiweiß zu großen Dreiecken zusammenkleben. Diese in reichlich Fleischbrühe garen.

◆

Brei und Aufläufe
Kascha i Zapekanki

◆

Brei
Kascha

Kascha ist eines der verbreitetsten und beliebtesten Gerichte in Rußland. Lange Zeit galt *Kascha* als Delikatesse, man aß sie fast ausschließlich bei Festlichkeiten wie Hochzeiten und großen Gastmälern, Siegesfesten, Taufen oder ähnlichen Gelegenheiten. Im 12. bis 14. Jahrhundert wurde *Kascha* gleichbedeutend mit dem Wort *pir* (Schmaus) benutzt. Im zaristischen Rußland kochte man *Kascha* bei gemeinschaftlichen Arbeiten, bei der Ernte oder in den *artels*, den Arbeitergenossenschaften. Ein *artel* trug sogar den Namen *Kascha*.

Brei ließ sich dank jenes Phänomens, das der russische Ofen darstellt, hervorragend zubereiten. In einem russischen Ofen sinkt die Temperatur sehr langsam. So werden die Vitamine nicht zerstört, die Getreidekörner quellen gut, und es entsteht eine gesunde, wohlschmeckende Speise. In diesem Ofen mußte Brei vier bis fünf Stunden garen. Mit Hilfe eines modernen Herds läßt er sich in 15 bis 40 Minuten zubereiten. Im Backofen sollte man Brei in Tontöpfen, auf dem Herd in Aluminiumtöpfen mit angerundetem Boden, beispielsweise einem Kessel, kochen. Emailletöpfe werden nur für flüssige Breie, die nicht anbrennen dürfen, verwendet.

Die Vielfalt der russischen Breie basiert vor allem auf dem Reichtum an Getreidesorten, die in Rußland angebaut wurden. Nahezu jede Getreideart ließ sich verwenden. Am beliebtesten waren großer und kleiner Buchweizen sowie die sogenannten Brühgraupen. Diese wurden in Stoff gewickelt, rasch mit kochendem Wasser überbrüht, danach getrocknet und schließlich gekocht. Aus Gerste gewann man drei Graupensorten. Ebenfalls weit verbreitet waren Breie aus Dinkel, Hirse, Grieß, Hafer und »Grün«, zur Hälfte gereiftem Roggen. Im 14. und 15. Jahrhundert wurde Reis und damit auch Reisbrei eingeführt. Im 19. Jahrhundert kamen neue Stärkearten auf den Markt: Sagoperlen und eine spezielle Sorte rosafarbener Stärkeperlen, die allerdings selten verwandt wurden.

Breie werden ihrer Konsistenz nach in drei Gruppen eingeteilt: *Kasizy* (dünne Breie), *Razmazny* (dünnflüssige Breie) und steife *Kascha*, die beliebtesten von allen. Der Unterschied zwischen den einzelnen Breien liegt in der Menge der beigegebenen Flüssigkeit. Diese darf, nachdem sie den Körnern zugefügt wurde, nicht mehr ergänzt werden, da sich dies auf die Konsistenz des Breis auswirken würde. Deshalb ist es äußerst wichtig, gleich zu Beginn das richtige Mischungsverhältnis von Körnern zu Flüssigkeit anzusetzen.

Kascha bedarf keiner aufwendigen Vorbereitungen. Die Körner (Reis, Hirse, Gerste) werden in leicht kochendes Salzwasser gegeben. Nach einer Weile gießt man überschüssiges Wasser ab und kocht den Brei in Milch zu Ende. Vor allem für Buchweizen- und Haferbrei muß die Wassermenge von Anfang an genau bemessen, dazu bei der Verwendung von Buchweizen und Reis der Brei oft umgerührt werden. Buchweizen erwärmt man vor dem Kochen in einem Topf so lange, bis man ihn nicht mehr anfassen kann, dann überbrüht man ihn mit heißem Wasser, schüttet das Wasser ab, gibt erneut kochendes Wasser hinzu – nun kann die *Kascha* garen. Brei wird stets bei geringer Hitze gekocht, der Topfdeckel dabei nicht vollständig aufgelegt.

Brei gilt als vollwertige Kinder- und Erwachsenenkost, hauptsächlich allerdings – in seiner reinen Form ohne Extrazutaten – als beliebte Beilage, nicht als selbständiges Gericht. Fast alle Breie werden heiß gegessen, nur Puddings und Bratlinge lassen sich auch kalt servieren. Welchen Brei man als Hauptmahlzeit ißt, richtet sich in erster Linie nach persönlichem Geschmack und Appetit. Übrigens können Russen in der Regel erheblich mehr *Kascha* zu sich nehmen, als es anderen Mägen behagt…

Der Geschmack der *Kascha* hängt vor allem von den gewählten Gewürzen und Zutaten ab. Ein russisches Sprichwort besagt: »Mit Butter kann man eine *Kascha* nie verderben.« Heutzutage werden steife Breie mit Butter bzw. Butterschmalz, Sonnenblumen-, Hanf-, Nuß-, Mohn- oder Mandelöl zubereitet. Auch Milch, Sauermilch oder saure Sahne verwendet man häufig. Zutaten wie Fleisch, Pilze, Fisch, Erbsen eignen sich für dünne Breie hervorragend, Eier und Pilze passen vor allem zu steifen Breien. Süße bzw. weiße Breie aus Grieß, Reis und Sago verfeinert man mit Honig, Rosinen, Sahne, Sukkaden, Nüssen, Schokolade, *Warenje* und frischem Obst. Gewürzt werden Breie mit Pfeffer, Petersilie, Selleriegrün, Knoblauch, Zimt, Zitronenschale, Muskatnuß oder Vanille.

Buchweizenbrei
Gretschnewaja kascha

1 Tasse Buchweizen
3½ Tassen kochendes Wasser
50 g Butter
Salz

◆ Den Buchweizen in einem Topf erhitzen, bis man ihn nicht mehr anfassen kann. Mit 1 Tasse kochendem Wasser überbrühen und es wieder abschütten. Das restliche kochende Wasser zugeben, salzen und nicht ganz zugedeckt 30 bis 40 Minuten bei geringer Hitze köcheln.
Bei Tisch bedient sich jeder nach Geschmack mit reichlich Butter.

Smolensker Brei
Smolenskaja kaschitza

2 Pastinaken
2 Zwiebeln
1½ Tassen Buchweizengrütze
2-3 EL gehackte frische
  Petersilie
½ Tasse saure Sahne
2 EL Butter
schwarzer Pfeffer
Salz

◆ Die Pastinaken säubern und in kleine Würfel schneiden. Mit den Zwiebeln 5 Minuten in 1 l Salzwasser kochen. Den Buchweizen beifügen und bei schwacher Hitze unter ständigem Rühren garen. Den dünnen Brei vom Herd nehmen, die Zwiebeln herausnehmen und mit der Petersilie, ½ TL Pfeffer, der sauren Sahne, der Butter und 1 TL Salz abschmecken. Zudecken und 15 Minuten ausquellen lassen.
Heiß servieren.

Bemerkung
Die Pastinake kann man nötigenfalls weglassen und statt dessen 2 Petersilienwurzeln nehmen.

◆ 1½ l Wasser zum Kochen bringen. Die Erbsen waschen und im kochenden Wasser garen. Nachdem ein Drittel des Wassers verdampft ist, den Buchweizen einstreuen und köcheln, bis der Buchweizen weich ist.
Die Zwiebeln in dem Butterschmalz oder Sonnenblumenöl braten, bis sie goldbraun sind. In den Brei geben und salzen.
Heiß servieren.

Tichwiner Brei
Tichwinskaja kaschitza

½ Tasse getrocknete Erbsen
1 Tasse Buchweizengrütze
2 gehackte Zwiebeln
4 EL Butterschmalz oder
   Sonnenblumenöl
Salz

◆ Die Eier schaumig schlagen und den Buchweizen unterrühren.
Den Backofen auf 170° bis 180° vorheizen.
Die Buchweizen-Ei-Mischung auf einem leicht mit Fett bestrichenen Backblech verteilen und in den Ofen stellen. Diesen abschalten.
Wenn die Mischung getrocknet ist, in einen Topf geben und die Milch sowie die Butter hinzufügen. Köcheln, bis der Buchweizen weich ist. Salzen und durch ein Sieb streichen.
Mit der süßen Sahne servieren.

Buchweizen-»Daunen«-Brei
Kascha gretschnewaja puchowaja

2 Eier
2 Tassen Buchweizen
Fett
4½ Tassen Milch
3 EL Butter
400 ml Sahne
Salz

◆ ½ l Wasser zum Kochen bringen. Den Reis waschen, in das Wasser geben. Zudecken und garen. In eine Schüssel geben, die Milch hinzufügen; quellen lassen. Den Zucker, den Zimt und die Butter unterrühren. 3 bis 4 Minuten in dem auf 180° vorgeheizten Backofen erwärmen.
Heiß servieren.

Variante
Den Brei statt im Backofen im Wasserbad erwärmen.

Süßer lockerer Reisbrei
Kascha risowaja rassyptschataja sladkaja

1½ Tassen Rundkornreis
½ Tasse heiße Milch
3 EL Zucker
½ TL gemahlener Zimt
3-4 EL Butter

Hirsemilchbrei
Kascha pschonnaja
molotschnaja

1 Tasse Hirse
kochendes Wasser
2 Tassen heiße Milch
2 EL Butter
Salz

◆ Die Hirse verlesen und fünf- bis sechsmal in kochendem Wasser waschen, bis es sauber bleibt. Dann 2 Tassen kochendes Wasser zugießen, salzen und bei mäßiger Hitze garen. Den entstehenden Schaum ständig abschöpfen, damit das Wasser schnell vollständig verdampfen kann und die Hirse nicht zerkocht. Die Milch zugießen und weiterkochen, bis der Brei dick ist. Zum Schluß die Butter unterziehen und heiß servieren.

Gurjew-Brei
Gurjewskaja kascha

500 g Haselnüsse
10 bittere Mandeln
kochendes Wasser
1¼ l Sahne
½ Tasse Grieß
½ Tasse Zucker
2 EL Butter
1 gemahlene
  Kardamomkapsel
½ TL gemahlener Sternanis
3 EL geriebene
  Zitronenschale
½ Tasse Erdbeer-Warenje
  (siehe Rezept)

Der Name dieses Gerichts wird mit dem des Grafen Gurjew verbunden, der in der ersten Hälfte des 19. Jahrhunderts das Amt des Finanzministers bekleidete. Es wird erzählt, er habe dieses kulinarische Wunder zu Ehren des Sieges über Napoleon erfunden. In Wahrheit aber speiste er einmal auf dem Gut des Dragonermajors Jurissovskij, der tatsächlich am russischen Feldzug gegen Napoleon teilgenommen hatte. Als Dessert wurde ein ungewöhnlich schön anzusehender, herrlich schmekkender Brei aufgetragen. Der Graf kostete den Brei und ließ den Koch rufen. Als der Koch kam, sprach der berühmte Feinschmecker Graf Gurjew ihm sein Lob aus. Und noch mehr: Er kaufte ihn, den leibeigenen Koch Sachar Kusmin und eigentlichen Erfinder dieser Kascha, und nahm ihn auf sein Gut mit. So konnte der Graf seine Gäste oft mit dem neuen Dessert überraschen, das seinen Namen und nicht den des Erfinders trug.

◆ Die Nüsse und Mandeln 2 bis 3 Minuten überbrühen, die Häutchen entfernen. Trocknen und im Mörser zerstampfen. Dabei pro 1 EL Nuß-Mandel-Gemisch 1 TL warmes Wasser zugeben. Die Sahne in eine Kasserolle gießen und in den auf 150° bis 170° erhitzten Backofen stellen. Den entstehenden dicken Schaum, wenn er zu bräunen beginnt und eine Haut bildet, vorsichtig auf einen Teller legen. Der Sahneschaum wird 12 bis 15 Male auf diese Weise abgenommen.
Den Grieß zu der in der Kasserolle verbliebenen Sahne streuen und unter ständigem Rühren zu

einem dicken Brei kochen. Die zerstoßenen Nüsse und Mandeln, den Zucker und die Butter hinzufügen; umrühren. Mit dem Kardamom, dem Sternanis und der geriebenen Zitronenschale abschmecken.

Eine feuerfeste, emaillierte Form mit hohen Rändern etwa 1 cm hoch mit Grießbrei füllen. Darauf eine der Sahneschaumhäute legen und wiederum eine 5 mm dicke Breischicht darauf verteilen. Die Form so füllen, bis die letzte Sahneschaumhaut verbraucht ist. Die vorletzte Schicht zusätzlich mit einem Teil des Warenje bestreichen.

Den Backofen auf 180° bis 200° vorheizen. Die Temperatur verringern, die Form hineinstellen. Den Brei 10 bis 15 Minuten überbacken. Vor dem Servieren das restliche Warenje auf dem Brei verteilen.

Bemerkung
Statt die Nüsse im Mörser zu zerstoßen, kann man bereits geriebene, im Handel erhältliche Nüsse verwenden.

Varianten
◆ Die Haselnüsse durch Walnüsse ersetzen.
◆ Statt der bitteren Mandeln 4 bis 5 Tropfen Mandelessenz nehmen.
◆ Das Erdbeer- durch Kirsch-Warenje (siehe Rezept »Pfirsich-Warenje«) ersetzen.
◆ Statt der Zitronenschale 2 TL gemahlenen Zimt verwenden.

Aufläufe
Zapekanki

Zapekanki (*zapekat* bedeutet: überbacken) oder *Krupeniki* (entspricht dem Begriff »Getreidebrei« und bezeichnet die aus diesem hergestellten Aufläufe und Bratlinge) werden aus Grieß, Reis oder Hirse zubereitet. Vor dem Kochen spült man Reis und Hirse zwei- bis dreimal gründlich kalt durch. Dann wird ein dicker Brei gekocht, wobei man für jeweils 200 g Reis, Grieß oder Hirse die zwei- bis dreifache Menge heißer Milch, Wasser oder Brühe verwendet. Der Brei wird in eine gebutterte, mit Paniermehl ausgestreute feuerfeste Auflaufform gefüllt, geglättet, mit Paniermehl bestreut, mit zerlassener Butter beträufelt und 15 bis 20 Minuten im Ofen überbacken, bis sich eine goldbraune Kruste bildet. Reisaufläufe können mit einem Gemisch aus warmer Milch, 1 bis 2 Eigelb und 1 TL Puderzucker bestrichen werden.

Grießauflauf mit Früchten
Zapekanka mannaja s fruktami

1 l Milch
200 g Grieß
3 EL Zucker
2 Eier
2-3 EL Butter
100 g frische oder
    eingelegte Früchte
Fruchtsauce
Salz

◆ Die Milch mit dem Grieß unter Rühren zum Kochen bringen. 2 EL Zucker, die verquirlten Eier, 1 bis 2 EL Butter und eine Prise Salz gut unterrühren.
Eine feuerfeste Form mit der restlichen Butter einstreichen und den Brei hineingeben. Die Oberfläche glätten und mit dem restlichen Zucker bestreuen. 15 bis 20 Minuten in dem auf 180° vorgeheizten Ofen überbacken.
Vor dem Servieren mit den Früchten belegen und mit Fruchtsauce übergießen.

Varianten
◆ Nach Geschmack mit Vanillezucker würzen.
◆ In den Brei beim Kochen zunächst nur die Eigelbe geben und vor dem Backen die steifgeschlagenen Eiweiß unterziehen.

◆ Die Milch zum Kochen bringen. Den Buchweizen einstreuen und quellen lassen. Wenn der Brei dick ist, den Quark durch ein Sieb streichen und dem Brei zugeben. 4 EL saure Sahne zur Seite stellen. Den Rest sowie die verquirlten Eier, den Zucker und ½ TL Salz dem Brei hinzufügen und alles gut vermischen.

Eine feuerfeste Auflaufform mit Butter einstreichen, mit dem Paniermehl ausstreuen und den Brei hineingeben. Die Oberfläche glätten und mit 2 EL saurer Sahne und 1 EL zerlassener Butter übergießen. 40 bis 50 Minuten in dem auf 180° vorgeheizten Ofen überbacken.

Den vollständig gebackenen Auflauf mit 2 EL saurer Sahne bestreichen.

Buchweizenauflauf
Kaschi iz gretschnewoj krupy

2 Tassen Milch
1 Tasse Buchweizen
200 g Quark
½ Tasse saure Sahne
2 Eier
2 EL Zucker
1 EL Paniermehl
2 EL Butter
Salz

◆ Den Reis mit kaltem Wasser waschen. ½ l Wasser mit einer Prise Salz zum Kochen bringen. Den Reis hineingeben und 20 bis 25 Minuten weichkochen. Gelegentlich umrühren. Den Brei zudecken, warmstellen und quellen lassen. Den Zucker unterrühren, abkühlen lassen. Bratlinge formen und in dem Paniermehl wenden. Die Butter in einer Pfanne zerlaufen lassen, die Bratlinge darin braten.

Heiß servieren.

Reisbratlinge
Bitotschki risowyje

2 Tassen Rundkornreis
1 EL Zucker
½ Tasse Paniermehl
2 EL Butter
Salz

Varianten

◆ Dem Brei ein verschlagenes Ei zugeben.
◆ Eine süße Sauce oder eine Pilzsauce über die Bratlinge gießen.

Eingelegtes
Solenja

Die mannigfaltigen Sorten von eingelegten sauren Gemüsen, Obst und Pilzen sind für die russische Küche unentbehrlich. Am bekanntesten sind Sauerkraut und Salzgurken, aber auch Salzpilze. Die langen, kalten Winter zwangen die Russen, große Vorräte an vollwertigen Lebensmitteln anzulegen, also zu »konservieren«. So wurden Gemüse, Pilze, Obst und Beeren getrocknet und/oder eingelegt.

Im Süden, wo der Winter mild ist – Transkaukasien, Zentralasien, Süd- und Südosteuropa –, benutzte man zum Einlegen vor allem Essig, der in Form sauer gewordenen Weins stets vorrätig war. Im Norden, in Rußland, kannte man Wein und Essig kaum, aber das war auch nicht nötig: Hier entdeckte und vervollkommnete man Säuerungsmethoden auf der Basis von Milchsäuregärung, ein einfaches und sehr geeignetes Mittel zur Lebensmittelkonservierung. Milchsäuregärung macht Einzulegendes im Rohzustand haltbar und hilft, viele lebenswichtige Vitamine zu bewahren. Überdies besitzt milchsaure Kost eine verdauungsfördernde und sogar eine heilende Wirkung. Die Menschen des Altertums wußten dies sehr wohl. Sauerkraut beispielsweise galt als bestes Mittel gegen Skorbut. Dementsprechend existierte im 17. Jahrhundert in der deutschen und englischen Marine die Vorschrift, immer große Sauerkrautvorräte an Bord zu haben.

Historische Dokumente belegen, daß die Russen im 17. Jahrhundert überall im Land Gurken und Kohl einlegten. Später kamen andere Gemüse und Früchte hinzu. Man entdeckte, daß sich mit dieser Methode fast alles verarbeiten läßt: verschiedene Pilzarten (Steinpilze, Reizker), Zucchini, Tomaten, Paprika, Auberginen, Melonen, Erbsenschoten, Beeren, Weinblätter, Blumenkohl, Zitronen und Rote Bete. Mit etwas Zucker gären Äpfel, Birnen, Trauben, Preiselbeeren und Wassermelonen ausgezeichnet.

Da milchsaure Produkte gesund sind, finden sowohl das Eingelegte selbst als auch die Lake Verwendung: Sauerkraut kann als eigenständiges

Gemüsegericht geschmort oder Suppen *(Schtschi)* beigefügt werden, außerdem lassen sich *Pirogi*, insbesondere *Kulebjaki*, damit füllen. Mit der Beize der eingelegten Lebensmittel werden Suppen und Salate ergänzt.

Eingelegtes Gemüse und Obst eignet sich hervorragend als Beilage zu Fleischgerichten oder als Vorspeise. Salzpilze bereichern viele russische Suppen, Sauerobst schmeckt gut zu Braten, eingelegte Zitronen hervorragend zu Fisch. Salzpilze ergeben vor allem die beste *Zakuska* zum Wodka, der in Rußland nicht nach, sondern vor dem Essen als Aperitif getrunken wird. Man trinkt ihn natürlich in einem Zug aus und ißt sofort etwas Pikantes hinterher; Salzgurken oder ein Stück Hering passen ebenfalls gut dazu.

Milchsaure Produkte verleihen der russischen Küche, die bis heute exotische Gewürze nur sparsam einsetzt, eine pikante und überdies gesunde Note.

Man unterscheidet drei Arten von Gärung:
- ◆ *solenje:* Der Salzanteil in der Lake beträgt nicht unter 6 bis 8 Prozent, manchmal sogar 20 bis 30 Prozent.
- ◆ *kwaschenje:* Der Salzanteil macht 2,5 bis 3 Prozent der Einlegeflüssigkeit aus.
- ◆ *motschenje:* Die Lake enthält 1,5 bis 2 Prozent Salz und drei- bis viermal soviel Zucker. Bei *motschenje* handelt es sich also um eine sechs- bis achtprozentige Zuckerlösung, die sich gut für Obst eignet.

Am besten legt man das rohe Gemüse oder Obst in Holzkübeln oder Fässern ein. Ebenfalls benutzen lassen sich im Handel erhältliche Tontöpfe oder, für kleinere Mengen, Gläser. Sie alle müssen sehr sauber, nach Möglichkeit sogar sterilisiert sein, denn dies ist Voraussetzung für das Gelingen der Gärung. Unbedingt notwendig ist nicht-jodisiertes, in der Regel grobkörniges Salz.

Nach russischer Tradition ist darüber hinaus auf die Mondphasen zu achten. Jahrhundertealter Überlieferung zufolge gelingt Saures nur dann, wenn es in der ersten Neumondwoche, im

Idealfall am fünften oder sechsten Tag eingelegt wird. Besonders bei Vollmond sollte nichts eingelegt werden: Das Gemüse bzw. Obst wird fade und entwickelt kein gutes Aroma.

Sauerkraut
Kwaschenaja kapusta

1½-2 Monate einlegen

2,5 kg Weißkohl
125 g Möhren
125 g Äpfel
1-2 EL Roggenmehl
2 g Kümmel
50 g jodfreies Salz
1-2 Lorbeerblätter

◆ Vom Kohl die oberen grünen und beschädigten Blätter sowie den Strunk entfernen. Einige Blätter abtrennen und zur Seite stellen. Den Rest hobeln oder in dünne Streifen schneiden. Die Möhren grob raspeln. Die Äpfel halbieren oder vierteln, die Gehäuse entfernen.

Eine dünne Schicht Roggenmehl in einen geeigneten Behälter streuen und die ganzen Kohlblätter darauflegen. Nach und nach die Kohlstreifen abwechselnd mit den Möhren und den Äpfeln schichtweise einfüllen, dabei gleichmäßig mit dem Kümmel und dem Salz bestreuen und die Lorbeerblätter dazugeben. Zwischendurch mit dem Stampfer nicht zu kräftig feststampfen. Zum Schluß eine Schicht Kohl auflegen und mit Kohlblättern abdecken. Mit einer Holzscheibe bedecken, mit einem sauber gespülten Stein beschweren.

Das Gefäß in einem warmen Raum bei einer Temperatur von etwa 16° bis 20° lagern.

Am nächsten Tag setzt sich der Kohl, der Behälter muß nachgefüllt werden.

Bei der Gärung bilden sich Gase, die unbedingt entweichen können müssen, sonst verdirbt das Produkt. Deshalb zweimal täglich die Kohlmasse an sechs oder sieben Stellen mit einer langen, frisch geschnittenen und abgehobelten Birkenrute bis zum Boden durchstechen, notfalls einen mit heißem Wasser sterilisierten Stahlspieß benutzen. Die Holzscheibe und den Stein täglich mit einer heißen Senflösung spülen.

Nach sieben bis zwölf Tagen ist der Gärprozeß beendet. Der Kohl muß nun kaltgestellt werden, am besten bei einer Raumtemperatur von 0° bis 2°. Er darf auf keinen Fall erfrieren.

Nach eineinhalb bis zwei Monaten ist das Sauerkraut gegoren und zum Verzehr geeignet.

Bemerkung
Am besten eignen sich für Sauerkraut mittel-
späte Weißkohlsorten, wobei die Köpfe nicht unter 700 g schwer sein sollten.

Varianten
◆ Alle Zutaten bis auf Kohl und Salz weglassen
und wie oben beschrieben einlegen.

◆ Statt Weißkohl kann man auf die gleiche Weise
auch anderes Gemüse, beispielsweise Möhren,
Rote Bete oder Zwiebeln, einlegen, das allerdings
nicht so stark zerkleinert werden muß.

Frische Salzgurken
Malosolnyje ogurcy

2-4 Tage einlegen

◆ Die Gurken gut spülen. Zusammen mit dem
Dill, dem Estragon, dem Basilikum, dem Meerrettich, den Knoblauchzehen und Peperoni nach
Geschmack in ein 3 l fassendes Glas geben.
Das Salz in 1 l Wasser aufkochen und abkühlen
lassen. In das Glas gießen, mit Mull abdecken
und bei einer Zimmertemperatur von 18° bis 20°
zwei bis vier Tage ziehen lassen. Sobald die Gärung beginnt, den Mull fortnehmen und den
Deckel auf das Glas legen, es jedoch nicht schließen. 12 bis 15 Minuten in ein Wasserbad mit kochendem Wasser stellen. Fest verschließen und
abkühlen lassen.

2 kg Gurken
50 g frischer Dill
50 g frischer Estragon
50 g frischer Basilikum
10 g geriebener Meerrettich
2 Knoblauchzehen
Peperoni
60 g jodfreies Salz

Bemerkung
Die Gurken sollten nur wenig »aufweichen«, also
noch knackig sein, und leicht bitter schmecken.

Salzgurken
Ogurcy soljonyje

3 Monate einlegen

Die Menge richtet sich
nach der Gefäßgröße.

6-8prozentige Salzlösung
  (aus jodfreiem Salz)
Gurken
Eichenblätter
Kirschblätter
Johannisbeerblätter
1 Bund Dill
frisches Basilikum
frischer Estragon
frischer Koriander
frisches Pfefferkraut
nach Geschmack:
  Meerrettichwurzel
  schwarze Pfefferkörner

◆ Am Vortag für die Salzlösung ein Teil Salz mit fünf Teilen Wasser (Gewichtsverhältnis 1 zu 5) in einem emaillierten Topf auf 95° bis 100° erhitzen. 24 Stunden stehen lassen, filtern und mit soviel Wasser verdünnen, daß eine sechs- bis achtprozentige Lösung entsteht, das heißt, es müssen weitere sechs bis sieben Teile Wasser hinzugefügt werden.

Die Gurken mit kaltem Wasser gründlich spülen. Das Holzfaß oder ein Glas bzw. Tongefäß sehr gut spülen. Den Boden mit Eichen-, Kirsch- und Johannisbeerblättern bedecken.

Den Dill in 5 cm lange Stücke schneiden, einen Teil auf die Blätter legen. Die Hälfte des Basilikums, Estragons, Korianders und Pfefferkrauts sowie die Meerrettichwurzel darauflegen. Die Gurken senkrecht in das Gefäß stellen und die restlichen Gewürze sowie einige Pfefferkörner schichtweise um sie und über ihnen verteilen.

Falls man ein Gurkenfaß benutzt, dieses fest mit einem Deckel, der eine Öffnung hat, verschließen. Durch diese Öffnung die Salzlösung einfüllen, danach gut abdichten.

Verwendet man Gläser, diese in derselben Weise füllen und reichlich Salzlösung hinzugießen. Mit einer Holzscheibe bzw. einem Porzellanteller abdecken. Beschweren, doch kein zu schweres Gewicht wählen, damit die Gurken nicht zerdrückt werden. Ein Handtuch darüberlegen und den Beginn der Gärung (nach einigen Tagen) abwarten. Dann in einem kühlen Raum, beispielsweise dem Keller, oder im Kühlschrank kaltstellen.

Bemerkung
Man nehme möglichst frische Gurken, am besten solche, die am selben Tag geerntet wurden. Sie sollten nicht zu groß, nicht gelb und nicht beschädigt sein.

◆ Die Äpfel zwei Wochen nach der Ernte liegen lassen.

Den Boden eines sauberen Behälters mit einer Schicht der Blätter belegen. Nun das Gefäß abwechselnd mit Äpfeln (mit dem Stiel nach oben) und Blättern füllen.

Für den Most das Mehl in wenig kaltem Wasser anrühren, das siedende Wasser dazugießen, stehen lassen und durchseihen. Das abgekochte Wasser, den Zucker, das Salz und den Senf beifügen.

Den Most über die Äpfel gießen. Sie müssen 3 bis 4 cm hoch mit Most bedeckt sein. Eine Holzscheibe auf die Äpfel legen und mit einem Gewicht beschweren. Der Most wird dadurch über die Scheibe treten. Ein Leinentuch über das Gefäß spannen.

Fünf bis sieben Tage bei Zimmertemperatur ziehen lassen. Die Äpfel saugen viel Flüssigkeit auf, deshalb ständig Most zufügen.

Nach spätestens sieben Tagen das Gefäß verschließen, allerdings nicht luftdicht – die Äpfel müssen »atmen«. Nun bei 2° bis 7° kaltstellen.

Nach 35 bis 40 Tagen sind die Äpfel zum Verzehr bereit.

Bemerkungen
◆ Die Äpfel sollen hart, reif, unbeschädigt, ohne Flecken und gleich groß sein.
◆ Als Einlegegefäße eignen sich Fässer und Holzkübel, Gläser, emaillierte Töpfe und verschließbare Eimer.
◆ Die oben angegebene Mostmenge ist für ein bis zwei größere Gefäße wie Eimer oder Kübel berechnet und läßt sich entsprechend variieren.
◆ Da Keller heutzutage häufig beheizt werden, empfiehlt es sich, kleinere Mengen zuzubereiten und die Äpfel nach Beendigung des Gärprozesses im Kühlschrank aufzubewahren.

Eingelegte Äpfel
Motschjonyje jabloki

2 Wochen vorher beginnen,
35-40 Tage einlegen

Die Menge richtet sich
nach der Gefäßgröße.

feste süßsaure Spätäpfel
(Boskop)
2 Tassen Johannisbeer- oder
Kirschbaumblätter

für den Most:
200 g Roggenmehl
2 l kochendes Wasser
10 l abgekochtes Wasser
300 g Zucker
2 EL jodfreies Salz
3 EL Senfpulver

Salz-Zitronen
Soljonyje limony

5-7 Tage einlegen

100 g jodfreies Salz
5-6 Zitronen
   mit dünner Schale

◆ Das Salz in 300 bis 400 ml Wasser auflösen. Die ungeschälten Zitronen in ein Gefäß geben und mit dem Salzwasser übergießen. Mit einer Holzscheibe und einem Gewicht bedecken. Einige Tage ziehen lassen.

Bemerkung
Eignet sich als Beilage zu gebratenem Fisch.

◆

Quarkspeisen
Tworoshnyje bljuda

◆

Quarkspeisen sind heute ein wichtiges Element der Ernährung. Dabei kann Quark sowohl den Hauptbestandteil einzelner Speisen bilden als auch Beigabe sein. Süße Quarkmassen werden, wie im Westen, industriell hergestellt. Mit Quark füllt man *Pirogi*, *Bliny* und *Wareniki*, ißt ihn gern pur mit etwas saurer Sahne oder auch ohne, brät Quark-*Syrniki* in der Pfanne oder kocht sie in Salzwasser. Unter den süßen Gerichten nehmen die Quarkspeisen – auch *Paßcha* genannt – eine ganz besondere Stellung ein. *Paßcha* bedeutet auf russisch Ostern: Sie wurden also zum bedeutendsten christlichen Fest zubereitet. Die überwiegende Mehrheit der Bevölkerung konnte sich die kostbare Speise nur einmal im Jahr gönnen. Die wohlhabenden Schichten hingegen entwickelten mehrere Varianten der *Paßcha*, wobei rohe wie auch gekochte Quarkmassen verwendet wurden.

Für die Zubereitung von *Tworoshniki*, *Wareniki* und *Blintschiki* nimmt man trockenen Quark (abgetropften Schichtkäse). Feuchter Quark sollte in einem Baumwoll- oder Leinenbeutel, der zuvor in kochendem Wasser sterilisiert wurde, zwischen zwei Holzbrettchen geklemmt ausgepreßt werden.

Gekochte Quarkzubereitung

Zunächst wird der Quark mit einem Teil der Zutaten verrührt. Nun kocht man das Gemisch im Wasserbad bei schwacher Hitze unter ständigem Rühren eine Stunde lang. Erst danach der Quarkmasse die weiteren Zutaten beifügen, untermengen und abkühlen lassen. Die Masse in ein Leinentuch wickeln und unter einer Presse zwischen zwei Holzbrettchen gelegt zwölf bis 48 Stunden auspressen.

◆ Den Quark mit der sauren Sahne, der Butter und dem Ei in der angegebenen Reihenfolge verrühren. Im Wasserbad unter ständigem Rühren eine Stunde kochen. Den Zucker und eine Prise Vanillezucker unterheben, den Quark abkühlen lassen und 24 Stunden pressen.

Ein-Tag-Quark
Sutotschnaja pasta

24 Stunden pressen

500 g Quark
150 g saure Sahne
100 g Butter
1 Ei
100 g Zucker
Vanillezucker

◆ Den Quark sechs bis acht Stunden in einer Presse ausdrücken.
Die Butter, das Ei, den Zucker und die saure Sahne beifügen und mit der geriebenen Zitronenschale abschmecken. Bei stark reduzierter Hitze, am besten mit Hilfe eines Flammenschutzsiebs, unter ständigem Rühren eine Stunde erhitzen, aber nicht kochen.
Vom Herd nehmen, auf Eis stellen und weiterrühren, bis der Quark erkaltet ist. 16 bis 20 Stunden pressen.

Zitronenquark
Limonnaja pasta

22-28 Stunden pressen

500 g Quark
30 g Butter
1 Ei
70 g Zucker
100 g saure Sahne
1 Zitrone (Schale)

◆ Den Quark mit der Butter, der sauren Sahne, den Eiern und dem Zucker in der angegebenen Reihenfolge verrühren. Die Rosinen zerkleinern, mit den Mandeln vermischen und dem Quark beifügen. Bei stark reduzierter Hitze, am besten mit Hilfe eines Flammenschutzsiebs, unter ständigem Rühren eine Stunde erhitzen, aber nicht kochen.
Die Zitronenschale und eine Prise Vanillezucker hinzufügen und zum Abkühlen in den Kühlschrank stellen. Dann 20 Stunden pressen.

Bemerkung
Etwa 3 Zitronen ergeben 5 bis 6 TL geriebene Zitronenschale.

Nuß-Rosinen-Quark
Izjumno-orechowaja pasta

20 Stunden pressen

600 g Quark
200 g Butter
400 g saure Sahne
4 Eier
400 g Zucker
200 g Rosinen
100 g gehackte Mandeln
5-6 TL geriebene
   Zitronenschale
Vanillezucker

Rohe Quarkzubereitung

Am besten eignet sich Schichtkäse oder Magerquark. Alle Zutaten werden voneinander getrennt und in einer genau vorgeschriebenen Reihenfolge vermischt. Zunächst den Quark gut durchrühren, dann Puderzucker, Butter und saure Sahne hinzugeben. Den Zucker mit den Eiern bzw. Eigelb verrühren, bis die Masse weißlich aussieht. Die Zucker- zur Quarkmasse geben, sorgfältig mischen. Die Gewürze zerstoßen, mit wenig Puderzucker vermengen und zur Quark-Eier-Masse geben. Sahne schlagen und unterziehen; statt der Sahne kann auch Eischnee genommen werden. Rosinen, Sukkaden und Nüsse unterrühren, wobei eine gleichmäßige Masse entstehen sollte.

Pistazienquark
Fistaschkowaja massa

600 g Quark
100 g Butter
2 Eier
150 g Zucker
300 ml Sahne
100 g grobgehackte Pistazien

◆ Den Quark durchrühren, die Butter untermengen.
Die Eier schaumig schlagen, den Zucker hinzufügen, umrühren. Dem Quark beigeben, alles gut vermischen. Die Sahne steif schlagen und unterheben. Zum Schluß die Pistazien untermengen.

»Voller« Rosinen-Sukkaden-Quark
Polnaja tworoshnaja massa

500 g Quark
100 g Butter
1-2 Eiweiß
200 g Zucker
1 TL geriebene
   Zitronenschale
200 ml Sahne
50 g Rosinen
25 g Sukkaden

◆ Den Quark durchrühren, die Butter untermengen.
Das Eiweiß steif schlagen, den Zucker hinzufügen, umrühren. Dem Quark beigeben, alles gut vermischen. Mit der Zitronenschale abschmecken. Die Sahne steif schlagen und unterheben. Zum Schluß die Rosinen und die Sukkaden untermengen.

◆ Den Quark durch ein Sieb streichen.
Den Zucker mit dem Ei verrühren. Nach und
nach das mit einer Prise Backpulver vermischte
Mehl und den Grieß beigeben, eine Prise Salz zufügen und alles verrühren. Unter den Quark
mengen.
Aus dem Quark kleine Fladen von etwa 6 bis
7 cm Durchmesser formen und in der zerlassenen Butter braten.
Mit der sauren Sahne heiß servieren.

Variante
Die saure Sahne durch Warenje ergänzen.

Einfache Quarkküchlein
Tworoshniki prostyje

200 g Quark
1 EL Zucker
1 Ei
Backpulver
1 gehäufter EL Mehl
1 EL Grieß
2 EL Butter
100 g saure Sahne
Salz

◆ Den Quark oder Schichtkäse in einen in kochendem Wasser sterilisierten Stoffbeutel geben
und abtropfen lassen. In einem Steinmörser zerreiben, 1 EL zerlassene Butter, die Eier, das Mehl
und eine Prise Salz beifügen; gut mischen. Auf
dem Tisch ausrollen und in lange Streifen
schneiden. Diese wiederum in einer Länge von
5 cm schräg zerschneiden.
600 ml Wasser mit 1 EL Salz zum Sieden bringen.
Die Teigstreifen hineingeben und garen, bis sie
an der Oberfläche schwimmen.
Das Paniermehl in der restlichen Butter anbraten.
Die Quarkstreifen aus dem Wasser nehmen. Auf
einen Teller legen, mit dem Paniermehl bestreu-
en und sofort servieren.

Gekochte Syrniki
Syrniki warjonyje

600 g Quark oder Schichtkäse
3 EL Butter
3 Eier
½ Tasse Mehl
½ Tasse Paniermehl
Salz

Wareniki

Butter
saure Sahne

für den Teig:
600 g Weizenmehl
2 Eier
Salz

für die Füllung:
600-700 g frischer Quark
1-2 EL saure Sahne
1-2 Eier
1 EL Zucker

Wareniki ist ein typisch ukrainisches, heutzutage auch in Rußland sehr beliebtes Gericht.

◆ Für die Füllung den Quark gut auspressen. Mit der sauren Sahne, den Eiern, dem Zucker und einer Prise Salz vermischen; sorgfältig rühren.
Den Teig nicht zu trocken machen. Das Weizenmehl mit 100 bis 150 ml sehr kaltem Wasser, den Eiern sowie ½ TL Salz vermischen und gut durchkneten. Sehr dünn ausrollen und mit einem Messer in 5 cm große Quadrate schneiden.
Die Füllung genau in die Mitte jedes Quadrats geben. Nicht zuviel Füllung nehmen. Die Quadrate zu jeweils einem Dreieck zusammenfalten, die Ränder fest zusammendrücken. Die Randnähte dürfen nicht zu dick sein. Die langen Dreieckspitzen nochmals aneinanderkleben, so daß eine Art »Kränzchen« entsteht.
Reichlich Salzwasser in einem niedrigen, breiten Topf zum Sieden bringen. Die Wareniki hineingeben. Wenn sie an die Oberfläche gestiegen sind, mit einem Schaumlöffel herausnehmen und in eine Kasserolle legen. Mit zerlassener Butter übergießen, damit sie nicht zusammenkleben.
Vor dem Servieren mit saurer Sahne übergießen. Heiß essen.

Quarkauflauf
Tworoshnaja zapekanka

500 g Quark
1 Ei
3 EL Zucker
4 EL Butter
2 EL Grieß
½ Päckchen Vanillezucker
100 g Rosinen
Paniermehl
3 EL saure Sahne
Salz

◆ Den Quark durch ein Sieb streichen.
Das Ei mit dem Zucker verschlagen, zusammen mit 2 EL zerlassener Butter, dem Grieß, dem Vanillezucker und einer Prise Salz unter den Quark rühren. Die Rosinen waschen, nach und nach ebenfalls beifügen.
Eine feuerfeste Auflaufform mit 1 EL Butter bestreichen, mit Paniermehl ausstreuen und die Quarkmasse hineingeben. Glätten und mit der sauren Sahne bestreichen. 1 EL zerlassene Butter darüberträufeln und in dem auf 170° vorgeheizten Ofen auf mittlerer Schiene 25 bis 30 Minuten backen. Heiß servieren.

Beilage
Beeren- oder eine andere Warenje-Sorte (siehe
Rezepte)

◆ Die Haselnüsse im Backofen goldbraun rösten
und mit 2 EL Zucker im Mörser zerstampfen.
Die Rosinen verlesen und warm spülen.
Die Eier trennen. Den Quark durch ein Sieb
streichen, den übrigen Zucker, 3 EL zerlassene
Butter, die 5 Eigelb, das Zitronat sowie eine Prise
Salz zugeben und schaumig schlagen. Die Rosinen, die Nüsse und das Paniermehl untermischen.
Die Eiweiß steif schlagen und vorsichtig unter
den Quark heben.
Eine Auflaufform mit der restlichen Butter einstreichen, mit Zucker bestreuen und zu drei
Vierteln mit Quark füllen. Den Boden eines geeigneten Gefäßes mit einem Tuch auslegen. Die
Auflaufform mit einem Deckel schließen und in
das Gefäß stellen. Dieses mit heißem Wasser bis
zur halben Höhe der Auflaufform füllen. Das
Wasserbad abdecken. Den Pudding eine Stunde
kochen. Falls notwendig, heißes Wasser nachgießen.
Der Pudding ist fertig, wenn er gleichmäßig ela-
stisch geworden ist und an den Seiten des
Gefäßes nicht mehr haftet. Stürzen und warm,
nach Geschmack mit Warenje oder saurer Sahne
übergossen, servieren.

Nußquarkpudding
Tworoshnyj pudding s orechami

50 g gehackte Haselnüsse
100 g Zucker
100 g Rosinen
5 Eier
500 g Quark
4 EL Butter
50 g Zitronat
100 g Paniermehl
heißes Wasser
Warenje (siehe Rezepte)
    oder saure Sahne
Salz

◆

Warenje und Kissel
Warenje i Kiseli

◆

Warenje

Warenje ist eine russische Spezialität; es wird zum Tee auf kleinen Tellerchen, Rosetten mit einem Durchmesser von etwa 10 cm, gereicht und mit dem Teelöffel gegessen. *Warenje* ist flüssig, aber man sollte nicht versuchen, es wie Konfitüre auf Brot zu streichen, was Nicht-Russen oft versuchen. *Warenje* besitzt ein intensives Eigenaroma und benötigt keine Ergänzungen. Jede Russin hat ihre eigenen Rezepte und Geheimnisse zum Kochen dieses Desserts. Im Juli und August schleppen Frauen schwere Taschen mit Paketen voll Zucker (kein Gelierzucker) und frischen Beeren nach Hause, und aus allen Fenstern duftet es nach Kirschen, Himbeeren, Zwetschgen und anderen Früchten.

Warenje wird in mittelgroße, etwa einen halben Liter fassende Gefäße abgefüllt und fest verschlossen. An Feiertagen, wenn Besuch kommt oder aus anderen besonderen Anlässen öffnet man die Gläser mit einem besonders begehrten *Warenje*, dem aus Walderdbeeren oder Preiselbeeren. Himbeer-*Warenje* nimmt man gern als Medizin bei Erkältungen zum Schwitzen. Natürlich gehört der heiße schwarze Tee immer dazu. *Warenje* kann auch zu *Bliny* oder *Tworoshniki* gereicht werden.

Beim Kochen des *Warenje* ist folgendes zu beachten:
- Am besten eignet sich eine Schüssel aus Kupfer.
- Das Verhältnis von Zucker und Beeren wechselt zwischen 1 zu 2 und 2 zu 1.
- Die Kochzeit bei sauren Beeren, beispielsweise Johannisbeeren, ist kürzer als bei süßen.
- Die Gläser, in denen man *Warenje* aufbewahren will, sollten nicht zu groß sein, am besten einen halben Liter fassen.
- Man kann sie mit Metalldeckeln verschließen, aber auch traditionell mit Wachspapier, das mit einem Bindfaden festgebunden wird. Darunter sollte zur Sterilisierung ein kleines, mit einigen Tropfen Rum beträufeltes Papiertuch gelegt werden.

◆ Bei einem Verhältnis 2 Teile Beeren zu 1 Teil Zucker werden Erdbeeren, Himbeeren und entkernte Sauerkirschen 15 bis 20 Minuten gekocht.

◆ Die Beeren verlesen, in eine tiefe Schüssel geben, mit der Hälfte des Zuckers bedecken und zwölf bis 24 Stunden kaltstellen.
In eine Kupferschüssel 1 TL Wasser geben, die Beeren mit dem Zucker hineingeben und den restlichen Zucker beifügen. Alles leicht schütteln und bei schwacher Hitze auf den Herd stellen. Wenn die Masse aufkocht, den Schaum ständig mit einem sauberen Löffel vorsichtig abschöpfen und zur Seite stellen. Die Beeren nicht zerdrükken, sie sollten ihre Form immer behalten.
Vor dem Abfüllen abkühlen lassen. Dafür am besten in Fayence- oder Tongeschirr füllen.

Himbeer-Warenje
Warenje malinowoje

12-24 Stunden vorher beginnen

1 kg Himbeeren
500 g Zucker

Bemerkung
Den abgeschöpften Schaum ebenfalls zum Tee reichen.

◆ Die Erdbeeren säubern. Jede Erdbeere in den Rum tauchen und auf einen großen Teller legen. Mit 500 g Zucker bestreuen und 24 Stunden kaltstellen.
Am nächsten Tag den Sirup zubereiten. Dazu ½ l Wasser mit dem restlichen Zucker aufkochen, die Erdbeeren hineingeben und weitere drei Male aufkochen. Den Schaum dabei immer wieder vorsichtig abschöpfen. Bei geringer Hitze weiter köcheln, bis die Erdbeeren nicht mehr sauer schmecken und das Warenje sich mit einem Häutchen überzieht.
Vor dem Abfüllen abkühlen lassen. Dafür am besten in Fayence- oder Tongeschirr füllen.

Erdbeer-Warenje
Warenje klubnitschnoje

24 Stunden vorher beginnen

1 kg Erdbeeren
3 EL weißer Rum
2 kg Zucker

Bemerkung
Den abgeschöpften Schaum ebenfalls zum Tee reichen.

Rosen-Warenje
Warenje rozowoe

200 g Rosenblätter
½ Zitrone (Saft)
500 g Zucker

◆ Die frisch aufgegangenen Rosenblüten sammeln, die Blütenblätter abzupfen, ihre weißlichen Spitzen abschneiden und unter ständigem Rühren in kaltem Wasser abschrecken. Dann dreimal in reichlich Wasser spülen.

Die Blätter mit den Händen gut ausdrücken und auf einen Teller legen. Den Zitronensaft und 100 g Zucker beifügen und alles mit den Händen zerreiben.

Den restlichen Zucker in 1 Tasse Wasser kochen. Die Blätter hineingeben und bei schwacher Hitze köcheln. Das Warenje ist gar, wenn die Blätter weich sind und oben schwimmen.

Pfirsich-Warenje
Warenje iz persikow

am Vortag beginnen

500 g halbreife Pfirsiche
1 kg Zucker

◆ Die Pfirsiche einige Male mit einem Holzzahnstocher anstechen, unzerteilt in warmes Wasser legen und leicht kochen. Vom Herd nehmen und 10 Minuten ziehen lassen. Die Pfirsiche herausnehmen und zur Seite stellen. Das Fruchtwasser in einen Steintopf geben und 24 Stunden kaltstellen.

Am nächsten Tag die Pfirsiche in demselben Wasser erneut aufkochen; wieder herausnehmen und abtropfen lassen. Im abgetropften Zustand wiegen: Pro 500 g gekochte Früchte nun 1 kg Zucker und ½ l Fruchtwasser verwenden. Zucker und Fruchtwasser 20 Minuten kochen, den Schaum dabei immer wieder abschöpfen. Vom Herd nehmen und ein wenig abkühlen lassen. Die Pfirsiche in den noch warmen Sirup geben und bei geringer Hitze 10 Minuten köcheln. Abkühlen lassen, in Gläser füllen und diese verschließen.

Bemerkung
Den abgeschöpften Schaum zum Tee reichen.

Varianten
Die Pfirsiche durch Aprikosen oder Sauerkirschen ersetzen.

◆ Die Äpfel schälen, halbieren, entkernen und sofort in kaltes Wasser legen.

2 l Wasser mit dem Zucker vermischen und aufkochen. Die Apfelhälften und die Zimtstange dazugeben. Bei schwacher Hitze kochen, bis die Äpfel durchsichtig, aber noch fest sind. Die jeweils garen Stücke behutsam herausheben.

Die gegarten Äpfel ohne Sirup in Gläser füllen. Den Sirup weiterkochen, bis er dickflüssig geworden ist. Nun über die Äpfel gießen und die Gläser fest verschließen.

Apfel-Warenje
Warenje iz jablok

1 kg süße Äpfel
1,5-2 kg Zucker
1 Zimtstange (5-8 cm)

Varianten
◆ Die Äpfel würfeln.
◆ Statt der Zimtstange eine Vanilleschote nehmen.

Kissel
Kiseli

Das Wort *kisel* leitet sich von *kisslyj* ab, was in den alten slawischen Sprachen soviel wie »sauer« oder »faul werden«, »gären« im Sinn von »verderben« bedeutete. Man setzte sauer Gewordenes mit Verdorbenem gleich. Erst als man gelernt hatte, aus leicht gärendem Getreide und Mehl *Kiseli* herzustellen, entwickelte sich das Wort zu einem Synonym für eine Leckerei. Die russischen Wörter *kisslyj* und *kisel* kommen in der Bedeutung »Leckerei« zunächst im slawischen Bereich vor. Daran läßt sich erkennen, daß gerade das alte Rus-Reich die Heimat dieser Speise ist. Dafür spricht außerdem, daß die wichtigsten Getreidearten Nordwestrußlands Hafer und Roggen waren und die ältesten *Kiseli*-Sorten ebenfalls aus Hafer und Roggen bestanden.

Kiseli sind geleeartige Desserts – Roter Grütze ähnlich –, die mit Kartoffelstärke angedickt werden. Ihren Grundgeschmack erhalten sie durch frisches, gekochtes und getrocknetes Obst oder Beeren, Beerenpürees und Säfte, Milch, Tee, Kakao, Schokolade, Kaffee, Nüsse, manchmal sogar durch Butter oder Eier.

Jeder Russe kennt aus seiner Kindheit noch Märchen, in denen Milchflüsse zwischen *Kiseli*-Ufern flossen. Die Kinder heute können nicht mehr verstehen, wieso die Märchenufer aus *Kiseli* sein konnten, denn mittlerweile gibt es diese nur noch in flüssiger Konsistenz. Bis in das 19. Jahrhundert jedoch waren *Kiseli* steif wie Sülze und sauer. Erst gegen Ende des letzten Jahrhunderts wurden mit der Verbreitung der Kartoffelstärke die sauren *Kiseli* durch süße verdrängt, die man aus Beeren zubereitete. Die süßen fanden zunächst im Baltikum, in Polen und Belorußland Verbreitung; später gelangten sie nach Rußland, wo sie rasch sehr populär wurden.

Süße *Kiseli* kannte man zunächst nur in den Häusern der Reichen; später aber, mit dem Rückgang des Zuckerpreises, konnten sich immer mehr Russen die neue Speise leisten. Heute stehen *Kiseli* auf der Speisekarte einer jeden

Kantine. Allerdings schmecken sie nicht mehr wie früher, da sie zu dünn gekocht werden.

Man unterscheidet drei Arten von *Kiseli*: dicke, mitteldicke und flüssige. Letztere werden mit Maisstärke zubereitet, die um die Hälfte weniger eindickt als Kartoffelstärke. Deshalb müssen *Kiseli* unter Beigabe von Maisstärke 5 Minuten lang gekocht werden, was bei solchen mit Kartoffelstärke nicht nötig, ja falsch ist.

Während der Zubereitung von *Kiseli* muß die Flüssigkeit in sechs Teile geteilt werden: In einem Teil wird die Stärke, in den restlichen fünf der Zucker aufgelöst und gekocht. Bereitet man größere Mengen der Speise zu, fügt man nach und nach neu angerührte Stärke- und Zuckerlösungen der bereits existierenden Geleemasse zu. Generell gilt: Auf 1 Tasse Flüssigkeit kommen

◆ bei dicken *Kiseli* 1 EL Kartoffelstärke
◆ bei mitteldicken 2 TL Kartoffelstärke
◆ bei dünnflüssigen 1 TL Kartoffelstärke oder 2 TL Maisstärke.

Zucker wird je nach Geschmack verwendet, wobei man allerdings folgende Regel berücksichtigen sollte: je mehr Kartoffelstärke, umso mehr Zucker.

Moosbeer-Kissel
Kisel iz kljukwy

400 g Moosbeeren
150 g Kartoffelstärke
100-200 g Zucker
   (je nach Säure der Beeren)
Sahne

◆ Die Moosbeeren in einem emaillierten oder Steintopf zerstampfen und ausdrücken. Zu dem Saft soviel kaltes Wasser zufügen, daß sich genau 6 Tassen Flüssigkeit ergeben. Eine Tasse abschöpfen, in einen Topf gießen und mit der Kartoffelstärke verrühren.
Zu den übrigen 5 Tassen Saft Zucker nach Geschmack geben, verrühren und zum Kochen bringen. Die Kartoffelstärke in den siedenden Sirup einrühren. Unter ständigem Rühren nochmals zum Kochen bringen. Falls sich Klümpchen bilden, filtern.
Eine Stein- oder Porzellanform mit Wasser ausspülen, mit etwas Zucker ausstreuen und den Sirup hineingeben. Kaltstellen.
Wenn der Kisel fertig ist, auf einen großen Teller stürzen. Mit geschlagener Sahne servieren.

Varianten
◆ Die Moosbeeren durch rote oder schwarze Johannis- oder andere Beeren ersetzen.
◆ Statt geschlagener Sahne Mandelmilch reichen.

Apfel-Kissel
Jablotschnyj kisel

1 kg Äpfel mit kräftigem
   Geschmack (Boskop)
½-¾ Tasse Kartoffelstärke
220 g Zucker
½ Zitrone (Saft)
1 Zimtstange

◆ Die Äpfel würfeln und in wenig Wasser weich kochen. 1 Tasse des Suds zur Seite stellen und abkühlen lassen. Die Kartoffelstärke darin auflösen.
Die Äpfel durch ein Sieb passieren und mit dem restlichen Kochsaft vermischen. 5 Tassen dieser Flüssigkeit mit 200 g Zucker vermengen, den Zitronensaft sowie die Zimtstange beifügen und aufkochen. Die Kartoffelstärke hinzugeben und unter ständigem Rühren wiederholt zum Kochen bringen.
Eine Stein- oder Porzellanform mit Wasser ausspülen, mit dem übrigen Zucker ausstreuen und den Sirup hineingeben. Kaltstellen.

Bemerkung
Beim Backen eines Apfelkuchens die Schalen und Gehäuse der Äpfel auskochen und daraus einen Kisel zubereiten.

◆ Die Stachelbeeren in einen Topf geben und soviel kaltes Wasser zugießen, daß sie knapp bedeckt sind. Zucker nach Geschmack beifügen, zum Kochen bringen. Die Vanille hineingeben und unter ständigem Rühren köcheln, bis die Beeren zerkocht sind.

Die Kartoffelstärke in ⅓ Tasse kaltem Wasser auflösen, glattrühren und kurz vor Ende der Garzeit den Beeren zugeben. Unter ständigem Rühren zum Kochen bringen.

Eine Stein- oder Porzellanform mit Wasser ausspülen, mit etwas Zucker ausstreuen und den Sirup hineingeben. Kaltstellen.

Mit geschlagener Sahne servieren und Zucker dazu anbieten.

Stachelbeer-Kissel
Kisel iz kryschownika

900 g reife Stachelbeeren
100-300 g Zucker
1 Stück Vanillestange
  (etwa 3-5 cm)
1 EL Kartoffelstärke
Sahne

Variante

Statt geschlagener Sahne Mandelmilch reichen. Hierfür einige Mandeln zerstoßen, in Milch aufkochen und etwa eine Stunde ziehen lassen.

◆ Die Himbeeren in wenig Wasser aufkochen. Mit einem Löffel zerdrücken und durch ein Sieb streichen. 5 Tassen dieses Sirups mit einer Prise Zitronenschale und Zucker nach Geschmack aufkochen.

Die Kartoffelstärke in 1 Tasse kaltem Wasser auflösen, glattrühren und dem kochenden Saft beifügen.

Eine Stein- oder Porzellanform mit Wasser ausspülen, mit etwas Zucker bestreuen und den Sirup hineingeben. Kaltstellen.

Mit geschlagener Sahne servieren und Zucker dazu anbieten.

Himbeer-Kissel
Kisel iz maliny

400-600 g Himbeeren
geriebene Zitronenschale
½-1 Tasse Zucker
1 Tasse Kartoffelstärke
Sahne

Varianten

Die Himbeeren durch rote oder schwarze Johannisbeeren, Kirschen oder Zwetschgen ersetzen.

Kirsch-Kissel
Wischnewyi kisel

400 g Sauerkirschen
2 EL Zucker
½ Tasse Maisstärke
Sahne
Salz

◆ Die Kirschen entsteinen und in wenig Wasser garen. Durch ein Sieb streichen, bis sich 5 Tassen Saft ergeben. 1 EL Zucker und eine Prise Salz hinzufügen und aufkochen.

Die Maisstärke in 1 Tasse Wasser auflösen, glattrühren und dem kochenden Saft unter ständigem Rühren zugeben. Wieder aufkochen.

Eine Stein- oder Porzellanform mit Wasser ausspülen, mit dem übrigen Zucker bestreuen und den Saft hineingeben. Kaltstellen.

Mit geschlagener Sahne servieren und Zucker dazu anbieten.

◆

Getränke
Napitki

◆

Das deutsche Wort »Getränk« entspricht dem modernen russischen Wort *Napitok*, das für alles Trinkbare steht, dies allerdings erst seit etwa hundert Jahren. Noch Anfang des 20. Jahrhunderts existierte für »das Trinkbare« kein übergreifender Begriff; jede Art trinkbarer Flüssigkeit bildete ein Kapitel für sich, selbst in den Kochbüchern.

Seit uralter Zeit lautet die russische Bezeichnung für alkoholische Getränke *Pitija*, abgeleitet von *pit*, was »trinken« bedeutet. Das ähnlich klingende Wort *Napitok* indessen leitet sich nicht von *pit*, sondern von *pitat* oder *napitat*, also »sättigen«, ab. Mit dem Wort *Napitok* bezeichnete man früher fremdländische, stärkende und nahrhafte flüssige Genußmittel wie Kaffee, Schokolade und Tee, die erst Ende des 18., Anfang des 19. Jahrhunderts Verbreitung fanden. Kaffee wurde damals nicht »getrunken«, sondern »verspeist« oder »verzehrt«. Nektar, die Götterspeise in der Mythologie, heißt im Russischen »*Napitok* der Götter«.

Für nichtalkoholische, erfrischende Getränke gab es keinen Sammelbegriff. Sie hatten nichts mit den modernen europäisch-amerikanischen Limonaden gemein, denn um Durst richtig zu stillen genügt es nicht, lediglich Wasser zu sich nehmen. Man mußte die beim Schwitzen und durch die Arbeit verlorenen Kräfte wiederherstellen sowie dem Organismus erneut Nährstoffe und Vitamine zuführen. Deshalb enthalten solche Getränke in allen Nationalküchen der Welt kalorienreiche Stoffe wie Natursäfte, Zucker, Eiweiß, verschiedene Fermente, Vitamine, zuweilen gar tierisches oder pflanzliches Fett. Die meisten qualitätvollen, erfrischenden Getränke sind Gärungsprodukte und enthalten Milchsäure, die beruhigend auf das Nervensystem wirkt, den Durst löscht und Stoffwechsel wie Verdauung fördert.

Nahezu alle russischen Nationalgetränke sind einzigartig: *Sbiten*, *Kwas*, Fruchtwässer, gekochter Kohlsaft und andere mehr. Leider sind viele von ihnen selbst in Rußland in Vergessenheit geraten.

Zu den ältesten Getränken zählen die aus Honig, Hopfen und Wasser hergestellten *Medki*. Der heiße *Sbiten* wurde viel und überall in Rußland wie Tee getrunken, bevor der echte Tee aus China eingeführt wurde, den sich die breiten Bevölkerungsschichten ohnehin erst lange Zeit später, im 19. Jahrhundert, leisten konnten.

Fruchtwässer *(Woditzi)* wurden aus Beerensaft hergestellt, der mit Wasser vermischt und leicht gegoren wurde. Oft fügte man Wodka hinzu, freilich in sehr kleinen Mengen: etwa 1 EL Wodka auf 1 Eimer Fruchtwasser.

Mit Wasser verdünnter, ausgiebig gekochter und gezuckerter Sauerkraut- oder Kohlsaft erfreute sich ebenfalls großer Beliebtheit. Diese Art Getränke müssen schnell konsumiert werden, da sie sich nicht lange halten.

Am populärsten war *Kwas*, in Dutzenden von Varianten bekannt seit 1056. Die Zubereitung von *Kwas* ist langwierig und aufwendig. Zunächst wird eine Maische aus Wasser, Mehl und Malz angesetzt, die dann fermentiert wird. Später verdünnt man sie und reichert sie mit Hefe, Zucker und diversen natürlichen Geschmacksstoffen an. *Kwas* wird ungekocht und stets kalt getrunken. Die unterschiedlichsten Geschmacksnoten verleihen ihm Säfte von Früchten (Äpfel, Birnen) und Beeren sowie manche Gewürze wie Anis und Kräuter, beispielsweise Minze.

Kwas wird heute hauptsächlich industriell hergestellt und oft im Sommer auf der Straße vom Faß gezapft. Im Handel findet man verpacktes *Kwas*-Konzentrat, das nur mit Wasser verdünnt zu werden braucht. Nach etwas vereinfachtem Rezept kann man *Kwas* auch zu Hause herstellen.

Mit viel weniger Mühe läßt sich *Sbiten* zubereiten. Er wird heiß getrunken und eignet sich für die kalte Jahreszeit. Sein Name kommt von dem Verb *sbit* (schlagen, zusammenrühren).

Es sei erwähnt, daß die Russen heutzutage viel Tee, Kaffee, Limonade, Saft, Mineralwasser und

Milch trinken und ihre herrlichen, äußerst gesunden traditionsreichen Getränke zu Unrecht zu vergessen scheinen. Erst in jüngster Zeit, durch die Belebung der marktwirtschaftlichen Prozesse, lebt die Pflege der nationalen Traditionen langsam wieder auf – auch im kulinarischen Bereich.

Rotes Johannisbeerwasser
Woditza iz krasnoj smorodiny

Die Mengen richten sich nach den eigenen Vorräten.

7-14 Tage vorher beginnen

reife rote Johannisbeeren
abgekochtes Wasser
Zucker
Wodka

◆ Die Johannisbeeren gut säubern und ein Einmachglas oder emailliertes Gefäß zur Hälfte mit ihnen füllen. Mit dem abgekühlten Wasser bedecken und das Gefäß verschließen. Drei bis zehn Tage kaltstellen.
Das Wasser durchseihen. Die Beeren können auf Wunsch ein zweites Mal angesetzt werden, denn sie enthalten noch genügend Saft.
Das Fruchtwasser nach Geschmack süßen. Pro 1 l Flüssigkeit 1 EL Wodka zufügen. In Flaschen abfüllen und kaltstellen; diese jedoch nicht bei Temperaturen unter 1° lagern.
Nach drei bis vier Tagen trinkbar.

Zitronenwasser
Limonnaja woditza

etwa 14 Tage vorher beginnen

2 Zitronen
500 g Würfelzucker
3 l kochendes Wasser
100 g Rosinen
½ TL Trockenhefe

◆ Die Zitronen gut waschen. Mit Zuckerstücken das Gelbe von der Zitronenschale abreiben, das Weiße entfernen. Die geschälten Zitronen in Scheiben schneiden, die Kerne entfernen. Den Zucker beifügen.
Das kochende Wasser darübergießen und auf 30° abkühlen lassen. Die Rosinen und die Hefe dazugeben. Wenn die Gärung einsetzt, das Wasser zwölf Tage auf Eis stellen, aber nicht in das Gefrierfach geben.
In Flaschen abfüllen. Dabei darauf achten, daß der Bodensatz nicht aufgeschüttelt wird. Beim Abfüllen den Saft durch ein viermal gefaltetes Leinen- oder Baumwolltuch filtern. Die Flaschen gut verschließen, beispielsweise mit einem Korken, versiegeln und kaltstellen.
Nach einigen Tagen trinkbar.

Bemerkungen
◆ Zum Abfüllen nur Sektflaschen verwenden, da sie dem durch die Gärung entstehenden Druck standhalten. Die Flaschen nicht vollständig füllen.
◆ Die Flaschen schräg mit dem Korken nach unten lagern. Am besten in Sand eingraben.

◆ Die Rosinen in ein kleines Faß oder anderes Gefäß geben und 9 l Wasser zugießen. Die Zitrone dünn schälen, das Weiße sowie die Kerne entfernen, die Schale und das Fruchtfleisch in das Faß geben. Die Hefe in 1 Tasse Wasser auflösen und unter ständigem Rühren beifügen. Bei Zimmertemperatur drei Tage stehen und gären lassen. Zur besseren Gärung das Faß täglich schütteln.
Danach zwölf Tage auf Eis, aber nicht in den Gefrierschrank stellen.
In Flaschen abfüllen. Dabei darauf achten, daß der Bodensatz nicht aufgeschüttelt wird. Beim Abfüllen den Saft durch ein viermal gefaltetes Leinen- oder Baumwolltuch filtern. Die Flaschen gut verschließen, beispielsweise mit einem Korken, versiegeln und flach auf Sand über Eis legen. Nach zwei Wochen das Getränk probieren. In ein Glas 1 TL Zucker geben und das Rosinenwasser hineingießen. Wenn es schäumt, ist das Rosinenwasser fertig.

Bemerkungen
◆ Der Zucker dient nur der Probe: In der Regel trinkt man Rosinenwasser ohne Zucker.
◆ Zum Abfüllen nur Sektflaschen verwenden, da sie dem durch die Gärung entstehenden Druck standhalten. Die Flaschen nicht vollständig füllen.

Rosinenwasser
Woda izjumennaja

etwa 1 Monat vorher beginnen

1 kg Rosinen
1 Zitrone
100 g Hefe

Ein-Tag-Kwas aus Roggenbrot
Kwas sutotschnyj
iz rshanowo chleba

3 Tage vorher beginnen

1 kg trockenes reines
   Roggenbrot
18 l kochendes Wasser
800 g dunkle Melasse
2 EL Trockenhefe
1 EL feines Weizenmehl
   (Type 1050)
Rosinen

◆ Das Brot in kleine Stücke schneiden und im Backofen gut trocknen. Mit dem kochenden Wasser übergießen, mit einem Leinentuch gut zudecken und auf 30° abkühlen lassen. Durch ein frisches Leinentuch filtern, dabei das Brot nicht ausdrücken. Die Melasse beifügen und gut durchrühren.
Die Hefe mit dem Mehl vermischen und in etwas Wasser auflösen. Dem Brotwasser zugeben und zwölf Stunden bei Zimmertemperatur (etwa 22°) stehen lassen.
Erneut filtern und in Flaschen abfüllen. Dabei jeder Flasche zwei Rosinen zufügen. Gut verschließen und kaltstellen.
Nach zwei Tagen trinkbar.

Malz-Kwas
Solodowyj kwas

einige Tage vorher beginnen
für 4 Flaschen

250 g Weizenmalz
250 g Gerstenmalz
250 g Weizenmehl
250 g Buchweizenmehl
kochendes Wasser
1 gehäufter EL Trockenhefe

◆ Das Malz mit dem Mehl vermengen und mit kochendem Wasser übergießen, bis ein dicker Brei entsteht. Fünf Stunden zum Mälzen zur Seite stellen.
Kochendes Wasser zugießen, bis das Getränk so flüssig wie Bier wird und vom Löffel abtropft. Kaltstellen.
Die Hefe in ein wenig von der Flüssigkeit anrühren, außerdem 3 EL von dem entstandenen Bodensatz beifügen. Zu dem Mehlwasser geben. Wenn alles abgekühlt ist, in einen anderen Behälter, beispielsweise ein Faß, füllen und ein bis zwei Tage gären lassen.
In Sektflaschen abfüllen, fest verschließen und einige Tage kühlstellen, beispielsweise im Keller.

Apfel-Birnen-Kwas
Kwas jablotschnyj
i gruschewyj

1 Tag vorher beginnen

getrocknete Äpfel und Birnen
kochendes Wasser

◆ Die Äpfel und Birnen mit kochendem Wasser bedecken, das Gefäß mit einem Deckel schließen. 24 Stunden ziehen lassen.
Filtern und kalt servieren.

Bemerkung
Die Früchte lassen sich ein weiteres Mal verwenden.

◆ Den Honig und den Zucker getrennt in je 1 Tasse Wasser aufkochen, zusammengießen und bei schwacher Hitze köcheln. Ständig den Schaum abschöpfen.

Die Gewürznelken mit dem Ingwer und dem Zimt in einen Topf geben. 600 ml Wasser beifügen, zudecken und 15 Minuten köcheln. Vom Herd nehmen und 15 Minuten ziehen lassen. Durchseihen und in das Zucker-Honig-Wasser geben.

Heiß servieren.

Sbiten aus Twer
Twerskoj sbitenj

150 g Honig
100 g Zucker
2 Gewürznelken
1 TL geriebener oder
    gemahlener Ingwer
½ TL gemahlener Zimt

Bemerkung
Sbiten kann wieder aufgewärmt werden, darf aber nicht mehr kochen.

Varianten
Als Gewürze eignen sich auch Kardamom, Lorbeer, Minze und Muskat.

◆ Den Honig in 2 l Wasser kochen, dabei den Schaum ständig abschöpfen.

Den Hopfen 10 bis 15 Minuten in ½ l Wasser kochen. In das Honigwasser gießen.

3½ l Wasser aufkochen und ebenfalls dazugießen. Abkühlen lassen.

Die Hefe, den Kardamom und den Zucker beifügen.

Das Gefäß mit Mull abdecken und zwei bis drei Tage zum Gären in einen kühlen Raum mit einer Temperatur zwischen 8° und 10° stellen. Tritt auf der Oberfläche Schaum auf, diesen abschöpfen und die Flüssigkeit durchseihen.

Den Medok sofort trinken oder in Sektflaschen abfüllen.

Honiggetränk
Medok

2-3 Tage vorher beginnen

250-270 g Honig
5 g Hopfen
10 g Hefe
1 gemahlene
    Kardamomkapsel
1 TL karamelisierter Zucker

Bemerkung
Nicht länger als zwei Wochen lagern.

Rezeptregister

Stichwortregister

In gleicher Ausstattung Gerichte und ihre Geschichte

Moema Parente Augel
◆ Brasilianisch kochen

Madhur Jaffrey
◆ Indisch kochen

Heidi Keller · Miranda Greaves
◆ Karibisch kochen

Brahim Lagunaoui
◆ Marokkanisch kochen

Beate Engelbrecht · Ulrike Keyser
◆ Mexikanisch kochen

Márcia Zoladz
◆ Portugiesisch kochen

Lenia und Barnim Heiderich
◆ Zyprisch kochen

»Nicht ausschließlich Rezeptverwalter, sondern kulinarische Lesebücher, die Gerichte und ihre Geschichte vorstellen, deren Bilder das Wasser in Auge und Mund treiben«

die tageszeitung

Edition d i á